류호진
정율 사회보험법

류호진 편저

1차 | **기출문제집** 제1판

합격
★ 노하우가 ★
다르다

Since 1972

박문각 공인노무사

브랜드만족
1위
박문각

'노무사 시험 1차는 쉽다. 3개월이면 된다.'라며 특히 4일 만에 끝나는 특강이 있을 정도로 사회보험법 시험의 난이도는 과소평가되었습니다. 하지만 사회보험법이 40문제로 바뀐 지 벌써 3년이 지나가고 있습니다. 이제 여러분들이 아시는 것처럼 만만한 시험이 전혀 아닙니다. 시험은 변수가 많아 결코 가볍게 대충 준비하시면 안 됩니다. 제대로 준비하고, 높은 점수를 확보해서 안정적으로 2차 서술형 시험을 준비하도록 해야 합니다.

제가 제일 싫어하는 말이 '즐기면서 하라, 즐기는 자를 이길 수 없다.'라는 말입니다. 공부를 즐길 수는 없습니다. 끊임없이 고통 속에서 반복적으로 이해하고 암기하고 문제풀이를 통해 합격을 할 수 있는 능력을 배양하는 것이 중요합니다. 저는 항상 수업 시간에도 말씀드립니다. '쉬면 안 된다', '아파서도 안 된다', '공부만 하면 된다.' 즐기는 사람은 없습니다. 힘든 과정을 버티는 것이며 누가 마지막까지 버티느냐의 싸움입니다. 공인노무사 시험도 이제 버티는 사람이 최종적으로 합격을 하는 시험이 되고 있습니다.

1차 시험에서 기출문제의 출제 범위를 크게 벗어나는 문제는 10% 이내입니다. 다만 기출문제가 충분히 쌓여 있는 상황에서 해당 문제들을 전부 내재화하는 것이 쉽지 않을 것입니다. 최소 10개년 기출문제는 전부 이해하고 오답이 된 지문이 왜 틀렸는지에 대한 부분도 해결을 한다면 80점 이상의 점수를 획득할 것입니다.

이번 출판과 관련하여 출판에 힘을 써주신 박문각 학원 관계자님들과 박문각 출판부서 관계자님들에게 감사를 드리며 교재를 만들 수 있도록 도와준 노무법인 정율 박경난 노무사님께 감사 인사를 드립니다. 항상 강의와 교재에 대한 피드백을 주시는 노무법인 정율 용희정 이사님과 집에서 저를 반겨주고 아침마다 인사해주는 류나리양, 그리고 세상의 빛을 본 류예나양에게 감사한 마음을 전합니다.

편저자 류호진 올림

시험과목 및 시험시간

가. 시험과목(공인노무사법 시행령 제6조)

구분	시험과목[배점]		출제범위
제1차 시험 (6과목)	필수 과목 (5)	❶ 노동법(1) [100점]	「근로기준법」, 「파견근로자보호 등에 관한 법률」, 「기간제 및 단시간근로자 보호 등에 관한 법률」, 「산업안전보건법」, 「직업안정법」, 「남녀고용평등과 일·가정 양립지원에 관한 법률」, 「최저임금법」, 「근로자퇴직급여 보장법」, 「임금채권보장법」, 「근로복지기본법」, 「외국인근로자의 고용 등에 관한 법률」
		❷ 노동법(2) [100점]	「노동조합 및 노동관계조정법」, 「근로자참여 및 협력 증진에 관한 법률」, 「노동위원회법」, 「공무원의 노동조합 설립 및 운영 등에 관한 법률」, 「교원의 노동조합 설립 및 운영 등에 관한 법률」
		❸ 민법[100점]	총칙편, 채권편
		❹ 사회보험법 [100점]	「사회보장기본법」, 「고용보험법」, 「산업재해보상보험법」, 「국민연금법」, 「국민건강보험법」, 「고용보험 및 산업재해보상보험의 보험료징수 등에 관한 법률」
		❺ 영어	※ 영어 과목은 영어능력검정시험 성적으로 대체
	선택 과목 (1)	❻ 경제학원론, 경영학개론 중 1과목[100점]	

※ 노동법(1) 또는 노동법(2)는 노동법의 기본이념 등 총론 부분을 포함한다.

구분	시험과목[배점]		출제범위
제2차 시험 (4과목)	필수 과목 (3)	❶ 노동법 [150점]	「근로기준법」, 「파견근로자보호 등에 관한 법률」, 「기간제 및 단시간근로자 보호 등에 관한 법률」, 「산업안전보건법」, 「산업재해보상보험법」, 「고용보험법」, 「노동조합 및 노동관계조정법」, 「근로자참여 및 협력증진에 관한 법률」, 「노동위원회법」, 「공무원의 노동조합 설립 및 운영 등에 관한 법률」, 「교원의 노동조합 설립 및 운영 등에 관한 법률」
		❷ 인사노무관리론 [100점]	
		❸ 행정쟁송법 [100점]	「행정심판법」 및 「행정소송법」과 「민사소송법」 중 행정쟁송 관련 부분
	선택 과목 (1)	❹ 경영조직론, 노동경제학, 민사소송법 중 1과목[100점]	
제3차 시험	면접시험		공인노무사법 시행령 제4조 제3항의 평정사항

※ 노동법은 노동법의 기본이념 등 총론부분을 포함한다.

> ※ 시험관련 법률 등을 적용하여 정답을 구하여야 하는 문제는 "시험시행일" 현재 시행 중인 법률 등을 적용하여야 함
>
> ※ 기활용된 문제, 기출문제 등도 변형·활용되어 출제될 수 있음

나. 과목별 시험시간

구분	교시	시험과목	입실시간	시험시간	문항수
제1차 시험	1	❶ 노동법(1) ❷ 노동법(2)	09:00	09:30~10:50 (80분)	과목별 40문항
	2	❶ 민법 ❷ 사회보험법 ❸ 경제학원론, 경영학개론 중 1과목	11:10	11:20~13:20 (120분)	
제2차 시험	1	❶ 노동법	09:00	09:30~10:45(75분)	4문항
	2		11:05	11:15~12:30(75분)	
	3	❷ 인사노무관리론	13:30	13:50~15:30(100분)	과목별 3문항
	1	❸ 행정쟁송법	09:00	09:30~11:10(100분)	
	2	❹ 경영조직론, 노동경제학, 민사소송법 중 1과목	11:30	11:40~13:20(100분)	
제3차 시험	–	공인노무사법 시행령 제4조 제3항의 평정사항	–	1인당 10분 내외	–

※ 제3차 시험장소 등은 Q-Net 공인노무사 홈페이지 공고

📖 응시자격 및 결격사유

가. 응시자격(공인노무사법 제3조의5)
- 공인노무사법 제4조 각 호의 결격사유에 해당되지 아니한 자
- 부정한 행위를 한 응시자에 대하여는 그 시험을 정지 또는 무효로 하거나 합격결정을 취소하고,
  그 시험을 정지하거나 무효로 한 날 또는 합격결정을 취소한 날부터 5년간 시험 응시자격을 정지함

나. 결격사유(공인노무사법 제4조)
- 다음 각 호의 어느 하나에 해당하는 사람은 공인노무사가 될 수 없다.
  1. 미성년자
  2. 피성년후견인 또는 피한정후견인
  3. 파산선고를 받은 사람으로서 복권(復權)되지 아니한 사람
  4. 공무원으로서 징계처분에 따라 파면된 사람으로서 3년이 지나지 아니한 사람
  5. 금고(禁錮) 이상의 실형을 선고받고 그 집행이 끝나거나(집행이 끝난 것으로 보는 경우를 포함한다) 집행이 면제된 날부터 3년이 지나지 아니한 사람
  6. 금고 이상의 형의 집행유예를 선고받고 그 유예기간이 끝난 날부터 1년이 지나지 아니한 사람
  7. 금고 이상의 형의 선고유예기간 중에 있는 사람
  8. 제20조에 따라 영구등록취소된 사람

  ※ 결격사유 심사기준일은 제3차 시험 합격자 발표일 기준임

 **정율 사회보험법 기출문제집**

2025년 사회보험법 문제 및 해설 10

2024년 사회보험법 문제 및 해설 32

2023년 사회보험법 문제 및 해설 60

2022년 사회보험법 문제 및 해설 77

2021년 사회보험법 문제 및 해설 90

2020년 사회보험법 문제 및 해설 105

2019년 사회보험법 문제 및 해설 120

2018년 사회보험법 문제 및 해설 135

2017년 사회보험법 문제 및 해설 150

2016년 사회보험법 문제 및 해설 166

박문각 공인노무사

사회보험법 기출문제집

01 사회보장기본법령상 사회보장에 관한 기본계획(이하 '기본계획'이라 한다)의 수립에 관한 설명으로 옳지 않은 것은?

① 보건복지부장관은 관계 중앙행정기관의 장과 협의하여 기본계획을 3년마다 수립하여야 한다.

② 기본계획은 사회보장위원회와 국무회의의 심의를 거쳐 확정한다.

③ 관계 중앙행정기관의 장은 기본계획 작성지침에 따라 소관별 기본계획안을 작성하여 보건복지부장관에게 제출하여야 한다.

④ 보건복지부장관은 기본계획의 효율적 수립을 위하여 기본계획 작성지침을 작성하여 이를 관계 중앙행정기관의 장에게 통보하여야 한다.

⑤ 기본계획은 다른 법령에 따라 수립되는 사회보장에 관한 계획에 우선하며 그 계획의 기본이 된다.

> **해설** ① 보건복지부장관은 관계 중앙행정기관의 장과 협의하여 사회보장 증진을 위하여 사회보장에 관한 기본계획을 5년마다 수립하여야 한다(사회보장기본법 제16조 제1항).

02 사회보장기본법령상 사회보장위원회(이하 '위원회'라 한다)에 관한 설명으로 옳은 것은?

① 위원회의 위원장은 보건복지부장관이 된다.

② 공무원인 위원의 임기는 2년으로 한다.

③ 위원회에 실무위원회를 두며, 실무위원회에 간사 2명을 둔다.

④ 위원회는 위원장 1명, 부위원장 2명을 포함한 20명 이내의 위원으로 구성한다.

⑤ 위원장이 부득이한 사유로 직무를 수행할 수 없을 때에는 위원장이 미리 정한 부위원장 순서로 그 직무를 대행한다.

> **해설** ① 위원회의 위원장은 국무총리가 된다(사회보장기본법 제21조 제2항).
> ② 공무원인 위원의 임기는 그 재임 기간으로 한다(동법 제21조 제4항 단서).
> ③ 위원회에 실무위원회를 두며, 실무위원회에 분야별 전문위원회를 둘 수 있다(동법 제21조 제6항). **위원회**에 간사 2명을 둔다(동법 시행령 제9조 제2항).
> ④ 위원회는 위원장 1명, 부위원장 3명과 행정안전부장관, 고용노동부장관, 여성가족부장관, 국토교통부장관을 포함한 30명 이내의 위원으로 구성한다(동법 제21조 제1항).

03 사회보장기본법령상 사회보장제도의 운영에 관한 설명으로 옳지 않은 것은?

① 공공부조와 사회서비스는 국가와 지방자치단체의 책임으로 시행하는 것을 원칙으로 한다.

② 국가와 지방자치단체는 사회보장제도를 신설하거나 변경할 경우 상호협력하여 사회보장 급여가 중복 또는 누락되지 아니하도록 하여야 한다.

③ 지방자치단체의 장이 사회보장제도를 신설하려는 경우 매년 4월 30일까지 협의요청서를 보건복지부장관에게 제출해야 한다.

④ 보건복지부장관은 사회보장급여 관련 업무에 공통적으로 적용되는 기준을 마련할 수 있다.

⑤ 국가와 지방자치단체는 사회보장에 대한 민간부문의 참여를 유도할 수 있도록 정책을 개발·시행하고 그 여건을 조성하여야 한다.

> **해설** ③ 지방자치단체의 장의 경우에는 6월 30일까지 협의요청서를 보건복지부장관에게 제출해야 한다 (사회보장기본법 시행령 제15조 제1항).

04 고용보험법상 고용보험기금의 용도로 옳은 것은 모두 몇 개인가?

> • 일시 차입금의 상환금과 이자
> • 이 법에 따른 국민연금 보험료의 지원
> • 실업급여의 지급에 따른 사업의 수행에 딸린 경비
> • 육아휴직 급여 및 출산전후휴가 급여등의 지급
> • 「고용보험 및 산업재해보상보험의 보험료징수 등에 관한 법률」에 따른 업무를 대행하거나 위탁받은 자에 대한 출연금

① 1개

② 2개

③ 3개

④ 4개

⑤ 5개

> **해설** 기금은 다음 각 호의 용도에 사용하여야 한다(고용보험법 제80조 제1항).
> 1. 고용안정·직업능력개발 사업에 필요한 경비
> 2. 실업급여의 지급
> 2의2. 제55조의2에 따른 국민연금 보험료의 지원
> 3. 육아휴직 급여 및 출산전후휴가 급여등의 지급
> 4. 보험료의 반환
> 5. 일시 차입금의 상환금과 이자
> 6. 이 법과 고용산재보험료징수법에 따른 업무를 대행하거나 위탁받은 자에 대한 출연금
> 7. 그 밖에 이 법의 시행을 위하여 필요한 경비로서 대통령령으로 정하는 경비와 제1호 및 제2호에 따른 사업의 수행에 딸린 경비

정답 01 ① 02 ⑤ 03 ③ 04 ⑤

05 고용보험법상 연장급여에 관한 설명으로 옳지 않은 것은?

① 개별연장급여는 60일의 범위에서 대통령령으로 정하는 기간 동안 지급한다.

② 직업안정기관의 장은 직업능력개발 훈련 등을 받도록 지시한 경우에는 수급자격자에게 2년을 한도로 훈련연장급여를 지급할 수 있다.

③ 개별연장급여를 지급하는 경우에 그 수급자격자의 수급기간은 그 수급자격자의 수급기간에 연장되는 구직급여일수를 더하여 산정한 기간으로 한다.

④ 특별연장급여를 지급받고 있는 수급자격자에게는 특별연장급여의 지급이 끝난 후가 아니면 개별연장급여를 지급하지 아니한다.

⑤ 훈련연장급여를 지급하는 경우에 그 일액은 해당 수급자격자의 구직급여일액의 100분의 70으로 한다.

> **해설** ⑤ 제51조에 따라 훈련연장급여를 지급하는 경우에 그 일액은 해당 수급자격자의 구직급여일액의 100분의 100으로 한다(고용보험법 제54조 제2항).

06 고용보험법령상 구직급여에 관한 설명으로 옳지 않은 것은?

① 구직급여는 수급자격자가 실업한 상태에 있는 날 중에서 직업안정기관의 장으로부터 실업의 인정을 받은 날에 대하여 지급한다.

② 하나의 수급자격에 따라 구직급여를 지급받을 수 있는 날은 대기기간이 끝난 다음 날부터 계산하기 시작하여 피보험기간과 연령에 따라 법령에서 정한 일수가 되는 날까지로 한다.

③ 수급자격자가 질병으로 직업안정기관에 출석할 수 없었던 경우로서 그 기간이 계속하여 14일인 경우 그 사유를 적은 증명서를 제출하여 실업의 인정을 받을 수 있다.

④ 근로자의 피보험 단위기간은 피보험기간 중 보수 지급의 기초가 된 날을 합하여 계산한다.

⑤ 수급자격자가 사망한 경우 그 수급자격자에게 지급되어야 할 구직급여로서 아직 지급되지 아니한 것이 있는 경우 그 지급을 청구하려는 사람은 미지급 실업급여 청구서를 사망한 수급자격자의 신청지 관할 직업안정기관의 장에게 제출해야 한다.

> **해설** ③ 질병이나 부상으로 직업안정기관에 출석할 수 없었던 경우로서 그 기간이 계속하여 7일 미만인 경우에 가능하다(고용보험법 제44조 제3항 제1호).

07 고용보험법령상 우선지원 대상기업의 상시 사용하는 근로자 기준에서 산업분류와 상시 사용하는 근로자 수가 옳게 연결된 것은?

	산업분류	상시 사용하는 근로자 수
①	산업용 기계 및 장비 수리업	100명 이하
②	건설업	400명 이하
③	금융 및 보험업	300명 이하
④	보건업 및 사회복지 서비스업	500명 이하
⑤	숙박 및 음식점업	300명 이하

해설 우선지원 대상기업의 상시 사용하는 근로자 기준(고용보험법 시행령 제12조 제1항 관련 [별표 1])

산업분류	상시 사용하는 근로자 수
1. 제조업[다만, 산업용 기계 및 장비 수리업(34)은 그 밖의 업종으로 본다.]	500명 이하
2. 광업 3. 건설업 4. 운수 및 창고업 5. 정보통신업 6. 사업시설 관리, 사업 지원 및 임대 서비스업 　[다만, 부동산 이외 임대업(76)은 그 밖의 업종으로 본다.] 7. 전문, 과학 및 기술 서비스업 8. 보건업 및 사회복지 서비스업	300명 이하
9. 도매 및 소매업 10. 숙박 및 음식점업 11. 금융 및 보험업 12. 예술, 스포츠 및 여가관련 서비스업	200명 이하
13. 그 밖의 업종	100명 이하

08 고용보험법령상 피보험자격에 관한 설명으로 옳지 않은 것은?

① 피보험자가 이직을 한 경우에는 이직한 날에 그 피보험자격을 상실한다.

② 사업주가 그 사업에 고용된 근로자의 피보험자격의 취득에 관한 사항을 신고하지 아니하면 근로자가 근로계약서 등 고용관계를 증명할 수 있는 서류를 제출하여 신고할 수 있다.

③ 사업주는 고용노동부장관에게 그 사업에 고용된 근로자의 피보험자격 취득 및 상실에 관한 사항을 신고하려는 경우에는 그 사유가 발생한 날이 속하는 달의 다음 달 15일까지, 근로자가 그 기일 이전에 신고할 것을 요구하는 경우에는 지체 없이 신고해야 한다.

④ 피보험자는 언제든지 고용노동부장관에게 피보험자격의 취득 또는 상실에 관한 확인을 청구할 수 있다.

⑤ 자영업자인 피보험자는 이 법에 따른 피보험자격의 취득 및 상실에 관한 신고를 하지 아니한다.

해설 ① 근로자인 피보험자가 이직한 경우에는 이직한 날의 다음 날 그 피보험자격을 상실한다(고용보험법 제14조 제1항 제3호).

09 고용보험법상 실업급여의 종류가 아닌 것은?

① 구직급여

② 장해급여

③ 광역 구직활동비

④ 직업능력개발 수당

⑤ 조기(早期)재취업 수당

해설 실업급여의 종류(고용보험법 제37조)

① 실업급여는 구직급여와 취업촉진 수당으로 구분한다.

② 취업촉진 수당의 종류는 다음 각 호와 같다.

  1. 조기(早期)재취업 수당

  2. 직업능력개발 수당

  3. 광역 구직활동비

  4. 이주비

10 고용보험법상 「장애인고용촉진 및 직업재활법」에 따른 장애인 A(35세)는 B회사를 퇴사한 후 직업안정기관으로부터 구직급여 수급자격을 인정받았다. 피보험기간이 4년인 A가 받을 수 있는 구직급여의 소정급여일수는?

① 120일
② 150일
③ 180일
④ 210일
⑤ 240일

해설 구직급여의 소정급여일수(고용보험법 제50조 제1항 관련 [별표 1])

구분		피보험기간				
		1년 미만	1년 이상 3년 미만	3년 이상 5년 미만	5년 이상 10년 미만	10년 이상
이직일 현재 연령	50세 미만	120일	150일	180일	210일	240일
	50세 이상	120일	180일	210일	240일	270일

※ 장애인고용촉진 및 직업재활법 제2조 제1호에 따른 장애인은 50세 이상인 것으로 보아 위 표를 적용한다.

11 고용보험법령상 '근로자의 수급자격이 제한되지 아니하는 정당한 이직사유'에 해당하는 것을 모두 고른 것은?

ㄱ. 1개월의 임금체불이 발생하여 이직한 경우
ㄴ. 정년의 도래로 회사를 계속 다닐 수 없게 된 경우
ㄷ. 계약기간의 만료로 회사를 계속 다닐 수 없게 된 경우
ㄹ. 사업장에서 신체장애를 이유로 불합리한 차별대우를 받은 경우
ㅁ. 동거친족의 질병으로 30일 이상 본인이 간호해야 하는 기간에 기업의 사정상 휴가가 허용되지 않아 이직한 경우

① ㄱ, ㅁ
② ㄴ, ㄷ
③ ㄷ, ㄹ
④ ㄱ, ㄴ, ㅁ
⑤ ㄴ, ㄷ, ㄹ, ㅁ

해설 ㄱ. 고용보험법 시행규칙 제101조 제4항 관련 [별표 2의3]에 따르면, 임금체불이 이직일 전 1년 이내 2개월 이상 발생한 경우 노무제공자의 수급자격이 제한되지 않는 정당한 이직사유로 본다.

정답 08 ① 09 ② 10 ④ 11 ⑤

12 고용보험법령상 육아휴직급여신청기간의 연장사유에 해당하는 것을 모두 고른 것은?

> ㄱ. 범죄 혐의로 인한 구속
> ㄴ. 「병역법」에 따른 의무복무
> ㄷ. 본인의 직계비속의 질병
> ㄹ. 본인의 형제자매의 부상
> ㅁ. 배우자의 직계존속의 질병

① ㄱ, ㄴ, ㄷ   ② ㄱ, ㄷ, ㄹ
③ ㄴ, ㄹ, ㅁ   ④ ㄱ, ㄴ, ㄷ, ㅁ
⑤ ㄱ, ㄴ, ㄷ, ㄹ, ㅁ

해설 육아휴직 급여를 지급받으려는 사람은 육아휴직을 시작한 날 이후 1개월부터 육아휴직이 끝난 날 이후 12개월 이내에 신청하여야 한다. 다만, 해당 기간에 대통령령으로 정하는 사유로 육아휴직 급여를 신청할 수 없었던 사람은 그 사유가 끝난 후 30일 이내에 신청하여야 한다(고용보험법 제70조 제2항). 고용보험법 제70조 제2항 단서에서 "대통령령으로 정하는 사유"란 다음 각 호의 어느 하나에 해당하는 사유를 말한다.

1. 천재지변
2. 본인이나 배우자의 질병·부상
3. 본인이나 배우자의 직계존속 및 직계비속의 질병·부상
4. 「병역법」에 따른 의무복무
5. 범죄혐의로 인한 구속이나 형의 집행

13 고용보험법령상 이주비의 지급요건을 모두 고른 것은?

> ㄱ. 취업하거나 직업훈련 등을 받게 된 경우로서 고용노동부장관이 정하는 기준에 따라 신청지 관할 직업안정기관의 장이 주거의 변경이 필요하다고 인정할 것
> ㄴ. 해당 수급자격자를 고용하는 사업주로부터 주거의 이전에 드는 비용이 지급되지 아니하거나 지급되더라도 그 금액이 이주비에 미달할 것
> ㄷ. 취업을 위한 이주인 경우 1년 이상의 근로계약기간을 정하여 취업할 것

① ㄱ   ② ㄷ
③ ㄱ, ㄴ   ④ ㄴ, ㄷ
⑤ ㄱ, ㄴ, ㄷ

해설 고용보험법 제67조 제1항에 따른 이주비는 수급자격자가 다음 각 호의 요건을 모두 갖춘 경우에 지급한다(고용보험법 시행령 제90조 제1항).

1. 취업하거나 직업훈련 등을 받게 된 경우로서 고용노동부장관이 정하는 기준에 따라 신청지 관할 직업안정기관의 장이 주거의 변경이 필요하다고 인정할 것
2. 해당 수급자격자를 고용하는 사업주로부터 주거의 이전에 드는 비용이 지급되지 아니하거나 지급되더라도 그 금액이 이주비에 미달할 것
3. 취업을 위한 이주인 경우 1년 이상의 근로계약기간을 정하여 취업할 것

14 산업재해보상보험법령상 근로복지공단(이하 '공단'이라 한다)에 관한 설명으로 옳지 않은 것은?

① 공단의 상임임원과 직원은 그 직무 외에 영리를 목적으로 하는 업무에 종사할 수 있다.
② 공단의 업무 중 보험급여의 지급에 관한 사항을 체신관서에 위탁할 수 있다.
③ 공단의 임원은 이사장 1명과 상임이사 4명을 포함한 15명 이내의 이사와 감사 1명으로 한다.
④ 공단은 회계연도마다 회계연도가 끝난 후 2개월 이내에 사업 실적과 결산을 고용노동부장관에게 보고하여야 한다.
⑤ 공단은 보험급여의 결정과 지급 등 보험사업을 효율적으로 수행하기 위하여 필요하면 국세청에 대통령령으로 정하는 자료의 제공을 요청할 수 있다.

해설 ① 공단의 상임임원과 직원은 그 직무 외에 영리를 목적으로 하는 업무에 종사하지 못한다(산업재해보상보험법 제21조 제1항).

15 산업재해보상보험법령에 관한 설명으로 옳은 것은?

① 국가는 회계연도마다 예산의 범위에서 보험사업에 드는 비용의 전부를 지원하여야 한다.
② 어업 및 수렵업 중 법인이 아닌 자의 사업으로서 상시근로자 수가 5명 미만인 사업에 대하여는 이 법을 적용하지 아니한다.
③ "중증요양상태"란 부상 또는 질병이 치유되었으나 정신적 또는 육체적 훼손으로 인하여 노동능력이 상실되거나 감소된 상태를 말한다.
④ "장해"란 부상 또는 질병이 완치되거나 치료의 효과를 더 이상 기대할 수 없고 그 증상이 고정된 상태에 이르게 된 것을 말한다.
⑤ 산업재해근로자의 권익 향상을 도모하기 위하여 매년 3월 28일을 산업재해근로자의 날로 하며, 산업재해근로자의 날부터 1주간을 산업재해근로자 추모 주간으로 한다.

정답 12 ④ 13 ⑤ 14 ① 15 ②

해설 ① 국가는 회계연도마다 예산의 범위에서 보험사업에 드는 비용의 일부를 지원할 수 있다(산업재해보상보험법 제3조 제2항).

③ "중증요양상태"란 업무상의 부상 또는 질병에 따른 정신적 또는 육체적 훼손으로 노동능력이 상실되거나 감소된 상태로서 그 부상 또는 질병이 치유되지 아니한 상태를 말한다(동법 제5조 제6호).

④ "장해"란 부상 또는 질병이 치유되었으나 정신적 또는 육체적 훼손으로 인하여 노동능력이 상실되거나 감소된 상태를 말한다(동법 제5조 제5호).

⑤ 산업재해근로자의 권익 향상을 도모하기 위하여 매년 4월 28일을 산업재해근로자의 날로 하며, 산업재해근로자의 날부터 1주간을 산업재해근로자 추모 주간으로 한다(동법 제9조의2 제1항).

16 산업재해보상보험법상 보험급여에 관한 설명으로 옳은 것을 모두 고른 것은?

> ㄱ. 진폐에 따른 보험급여의 종류에 휴업급여와 장해급여는 포함되지 않는다.
> ㄴ. 임신 중인 근로자가 업무수행 과정에서 업무상 사고로 인하여, 출산한 자녀에게 장해가 발생한 경우 업무상의 재해로 본다.
> ㄷ. 건강손상자녀에 대한 보험급여의 종류에 휴업급여, 유족급여 및 장례비는 포함되지 않는다.
> ㄹ. 건강손상자녀에 대한 장해등급 판정은 20세 이후에 한다.

① ㄱ, ㄴ   ② ㄱ, ㄷ
③ ㄴ, ㄹ   ④ ㄱ, ㄷ, ㄹ
⑤ ㄴ, ㄷ, ㄹ

해설 ㄷ. 건강손상자녀는 이 법을 적용할 때 해당 업무상 재해의 사유가 발생한 당시 임신한 근로자가 속한 사업의 근로자로 본다(산업재해보상보험법 제91조의12 후단). 건강손상자녀에 대한 보험급여의 종류는 요양급여, 장해급여, 간병급여, 장례비, 직업재활급여로 한다(동법 제36조 제1항 단서).

ㄹ. 건강손상자녀에 대한 장해등급 판정은 18세 이후에 한다(동법 제91조의13).

17 산업재해보상보험법상 직업재활급여에 관한 설명으로 옳지 않은 것은?

① 재활운동비의 지급기간은 3개월 이내로 한다.

② 장해급여자 중 훈련대상자에 대하여 실시하는 직업훈련에 드는 비용 및 직업훈련수당은 직업재활급여에 포함된다.

③ 직업훈련수당의 1일당 지급액은 평균임금의 100분의 70에 상당하는 금액으로 한다.

④ 직업훈련비용을 지급하는 훈련기간은 12개월 이내로 한다.

⑤ 직업훈련비용의 금액은 고용노동부장관이 훈련비용, 훈련기간 및 노동시장의 여건 등을 고려하여 고시하는 금액의 범위에서 실제 드는 비용으로 한다.

> **해설** ③ 직업훈련수당의 1일당 지급액은 최저임금액에 상당하는 금액으로 한다(산업재해보상보험법 제74조 제1항).

18 산업재해보상보험법상 과태료 부과 대상이 되는 자는 모두 몇 명인가?

> • 거짓으로 보험급여를 받은 자
> • 거짓으로 보험급여를 받도록 시킨 자
> • 근로복지공단이 아닌 자가 근로복지공단과 비슷한 명칭을 사용한 자
> • 근로자가 보험급여를 신청한 것을 이유로 근로자에게 불이익한 처우를 한 사업주
> • 요양기간을 연장할 필요가 있는 때 제출해야 할 진료계획을 정당한 사유 없이 제출하지 아니하는 자

① 1명   ② 2명

③ 3명   ④ 4명

⑤ 5명

> **해설**
> • 근로복지공단이 아닌 자가 근로복지공단과 비슷한 명칭을 사용한 자는 200만원 이하의 과태료를 부과하고, 요양기간을 연장할 필요가 있는 때 제출해야 할 진료계획을 정당한 사유 없이 제출하지 아니하는 자는 100만원 이하의 과태료를 부과한다(산업재해보상보험법 제129조).
> • 거짓으로 보험급여를 받은 자와 거짓으로 보험급여를 받도록 시킨 자, 그리고 근로자가 보험급여를 신청한 것을 이유로 근로자에게 불이익한 처우를 한 사업주는 2년 이하의 징역 또는 2천만원 이하의 벌금에 처한다(동법 제127조).

정답   16 ①   17 ③   18 ②

19 산업재해보상보험법상 유족보상일시금에 대해 근로자가 유언으로 보험급여를 받을 유족을 지정하지 않은 경우 다음 중 유족 간의 수급권 순위가 가장 높은 사람은?

① 근로자가 사망할 당시 그 근로자와 생계를 같이 하고 있던 자녀
② 근로자가 사망할 당시 그 근로자와 생계를 같이 하고 있던 부모
③ 근로자가 사망할 당시 그 근로자와 생계를 같이 하고 있던 형제
④ 근로자가 사망할 당시 그 근로자와 생계를 같이 하고 있지 아니하던 자매
⑤ 근로자가 사망할 당시 그 근로자와 생계를 같이 하고 있지 아니하던 배우자

> **해설** 수급권자인 유족의 순위(산업재해보상보험법 제65조)
> 유족 간의 수급권의 순위는 다음 각 호의 순서로 하되, 각 호의 사람 사이에서는 각각 그 적힌 순서에 따른다. 이 경우 같은 순위의 수급권자가 2명 이상이면 그 유족에게 똑같이 나누어 지급한다.
> 1. 근로자가 사망할 당시 그 근로자와 생계를 같이 하고 있던 배우자·자녀·부모·손자녀 및 조부모
> 2. 근로자가 사망할 당시 그 근로자와 생계를 같이 하고 있지 아니하던 배우자·자녀·부모·손자녀 및 조부모 또는 근로자가 사망할 당시 근로자와 생계를 같이 하고 있던 형제자매
> 3. 형제자매

20 산업재해보상보험법상 보험급여의 지급 및 부당이득에 관한 설명으로 옳은 것은?

① 보험급여는 신청일로부터 7일 이내에 지급하여야 한다.
② 보험급여의 수급권자가 사망한 경우에 아직 지급되지 아니한 보험급여가 있으면 그 수급권자의 유족의 청구와 관계없이 그 보험급여를 지급한다.
③ 보험급여수급계좌의 해당 금융기관은 이 법에 따른 보험급여만이 보험급여수급계좌에 입금되도록 관리하여야 한다.
④ 근로복지공단은 보험급여를 받은 사람이 거짓이나 그 밖의 부정한 방법으로 보험급여를 받은 경우 그 급여액의 3배에 해당하는 금액을 징수하여야 한다.
⑤ 근로복지공단은 거짓으로 진료비를 지급받은 산재보험 의료기관으로서 매년 직전 연도부터 과거 2년간 부정수급 횟수가 2회 이상이고 부정수급액의 합계가 5천만원 이상인 자의 명단을 공개할 수 있다.

> **해설** ① 보험급여는 지급 결정일부터 14일 이내에 지급하여야 한다(산업재해보상보험법 제82조 제1항).
> ② 보험급여의 수급권자가 사망한 경우에 아직 지급되지 아니한 보험급여가 있으면 그 수급권자의 유족(유족급여의 경우에는 그 유족급여를 받을 수 있는 다른 유족)의 청구에 따라 그 보험급여를 지급한다(동법 제81조 제1항).
> ④ 근로복지공단은 보험급여를 받은 사람이 거짓이나 그 밖의 부정한 방법으로 보험급여를 받은 경우 그 급여액의 2배에 해당하는 금액을 징수하여야 한다(동법 제84조 제1항 제1호).
> ⑤ 근로복지공단은 거짓으로 진료비를 지급받은 산재보험 의료기관으로서 매년 직전 연도부터 과거 3년간 부정수급 횟수가 2회 이상이고 부정수급액의 합계가 1억원 이상인 자, 1회의 부정수급액이 2억원 이상인 자의 명단을 공개할 수 있다(동법 제84조의2 제1항).

21 산업재해보상보험법령상 노무제공자가 아닌 자는?

① 「여신전문금융업법」에 따른 신용카드회원 모집인
② 「도로교통법」에 따른 어린이통학버스를 운전하는 사람
③ 한국표준직업분류표의 세분류에 따른 대여 제품 방문 점검원
④ 「방문판매 등에 관한 법률」 제2조 제2호에 따른 방문판매원으로서 방문판매는 하지 않고 자가 소비만 하는 사람
⑤ 「우체국예금·보험에 관한 법률」에 따른 우체국보험의 모집을 전업으로 하는 사람

> **해설** ④ 「방문판매 등에 관한 법률」 제2조 제2호에 따른 방문판매원으로서 방문판매는 하지 않고 자가 소비만 하는 사람은 노무제공자에서 제외된다(산업재해보상보험법 시행령 제83조의5 제10호 가목).

22 산업재해보상보험법령상 심사청구에 관한 설명으로 옳지 않은 것은?

① 근로복지공단(이하 '공단'이라 한다)의 합병증 등 예방관리에 관한 조치에 불복하는 자는 공단에 심사청구를 할 수 있다.
② 심사청구는 보험급여 결정 등이 있음을 안 날부터 90일 이내에 하여야 한다.
③ 심사청구가 법령의 방식을 위반한 것이라도 보정할 수 있는 경우에는 공단은 상당한 기간을 정하여 심사청구인에게 보정할 것을 요구할 수 있다.
④ 공단은 심사청구서를 받은 날부터 90일 이내에 산업재해보상보험심사위원회의 심의를 거쳐 심사청구에 대한 결정을 하여야 한다.
⑤ 공단은 심사청구의 심리를 위하여 필요하면 직권으로 소속 직원에게 사건에 관계가 있는 사업장에 출입하여 문서를 검사하게 할 수 있다.

> **해설** ④ 공단은 심사청구서를 받은 날부터 60일 이내에 심사위원회의 심의를 거쳐 심사청구에 대한 결정을 하여야 한다(산업재해보상보험법 제105조 제1항).

23 국민연금법령에 관한 설명으로 옳은 것은?

① 사업장가입자는 사망한 날에 자격을 상실한다.

② 임의가입자는 가입 신청이 수리된 날에 자격을 취득한다.

③ 임의계속가입자는 국적을 상실한 날에 자격을 상실한다.

④ 임의가입자가 그 자격을 상실하게 되는 연금보험료의 체납기간은 원칙적으로 1년이다.

⑤ 지역가입자가 사업장가입자의 자격을 취득한 때에는 그에 해당하게 된 날의 다음 날에 그 자격을 상실한다.

> **해설** ① 사업장가입자는 사망한 날의 다음 날에 자격을 상실한다(국민연금법 제12조 제1항 제1호).
> ③ 임의계속가입자는 국적을 상실한 날의 다음 날에 자격을 상실한다(동법 제13조 제3항 제2호).
> ④ 임의가입자와 임의계속가입자가 그 자격을 상실하게 되는 연금보험료의 체납기간은 6개월로 한다. 다만, 천재지변이나 그 밖에 부득이한 사유로 기간 내에 연금보험료를 낼 수 없었음을 증명하면 그렇지 않다(동법 시행령 제21조).
> ⑤ 지역가입자가 사업장가입자의 자격을 취득한 때에는 그에 해당하게 된 날에 그 자격을 상실한다(동법 제12조 제2항 제4호).

24 국민연금법상 유족연금에 관한 설명으로 옳지 않은 것은?

① 연금보험료를 낸 기간이 가입대상기간의 4분의 1인 가입자가 사망하면 그 유족에게 유족연금을 지급한다.

② 배우자인 수급권자가 재혼한 때 유족연금 수급권은 소멸한다.

③ 조부모인 유족의 유족연금 수급권은 가입자가 사망할 당시에 그 가입자의 태아가 출생하여 수급권을 갖게 되면 소멸한다.

④ 유족연금의 수급권자인 배우자의 소재를 1년 이상 알 수 없는 때에는 유족인 자녀의 신청에 의하여 그 소재 불명의 기간 동안 그에게 지급하여야 할 유족연금은 지급을 정지한다.

⑤ 자녀인 수급권자가 다른 사람에게 입양된 때에는 그에 해당하게 된 때부터 유족연금의 지급을 정지한다.

> **해설** ① 연금보험료를 낸 기간이 가입대상기간의 3분의 1 이상인 가입자 또는 가입자였던 자가 사망하면 그 유족에게 유족연금을 지급한다(국민연금법 제72조 제1항 제3호).

25 국민연금법상 급여의 제한 등에 관한 설명으로 옳지 않은 것은?

① 가입자를 고의로 사망하게 한 유족에게는 사망에 따라 발생되는 유족연금을 지급하지 아니한다.

② 가입자가 고의로 요양 지시에 따르지 아니하여 사망한 경우 이를 원인으로 하는 급여의 전부 또는 일부를 지급하지 아니할 수 있다.

③ 장애연금의 수급권자가 정당한 사유 없이 요양 지시에 따르지 아니하여 장애를 악화시킨 경우에는 장애연금액을 변경하지 아니할 수 있다.

④ 입양으로 유족연금의 지급이 정지된 손자녀인 수급권자가 파양된 경우에는 직권으로 입양된 때부터 지급 정지를 해제한다.

⑤ 가입자가 고의로 질병·부상 또는 그 원인이 되는 사고를 일으켜 그로 인하여 장애를 입은 경우에는 그 장애를 지급 사유로 하는 장애연금을 지급하지 아니할 수 있다.

> **해설** ④ 입양으로 유족연금의 지급이 정지된 자가 파양된 경우에는 본인의 신청에 의하여 파양된 때부터 지급 정지를 해제한다(국민연금법 제76조 제6항).

26 국민연금법령상 심사청구 등에 관한 설명으로 옳지 않은 것은?

① 국민연금재심사위원회는 위원장 1명을 포함한 20명 이내의 위원으로 구성한다.

② 국민연금심사위원회의 위원장은 국민연금공단의 상임이사 중 이사장이 임명하는 자로 한다.

③ 심사청구는 그 처분이 있음을 안 날부터 90일 이내에 문서로 하여야 하며, 처분이 있은 날부터 180일을 경과하면 이를 제기하지 못한다. 다만, 정당한 사유로 그 기간에 심사청구를 할 수 없었음을 증명하면 그 기간이 지난 후에도 심사청구를 할 수 있다.

④ 심사청구에 대한 결정에 불복하는 자는 그 결정통지를 받은 날부터 90일 이내에 재심사청구서에 따라 국민연금재심사위원회에 재심사를 청구할 수 있다.

⑤ 청구인은 결정이 있기 전까지는 언제든지 심사청구를 구두로 취하할 수 있다.

> **해설** ⑤ 청구인은 결정이 있기 전까지는 언제든지 심사청구를 문서로 취하할 수 있다(국민연금법 시행령 제98조).

정답 ❯ 23 ② 24 ① 25 ④ 26 ⑤

27 국민연금법상 국민연금공단(이하 '공단'이라 한다)에 관한 설명으로 옳지 않은 것은?

① 당연직 이사의 임기는 그 재임기간으로 한다.

② 공단에 관하여 「국민연금법」에서 정한 것 외에는 「민법」 중 사단법인에 관한 규정을 준용한다.

③ 임원으로 이사장 1명, 상임이사 4명 이내, 이사 9명, 감사 1명을 둔다.

④ 공단은 회계연도가 끝나고 2개월 내에 사업 실적과 결산을 보건복지부장관에게 보고하여야 한다.

⑤ 기금이사의 임기는 계약기간으로 한다.

> **해설** ② 공단에 관하여 이 법에서 정한 것 외에는 「민법」 중 재단법인에 관한 규정을 준용한다(국민연금법 제48조).

28 국민건강보험법령상 다음 (　　)에 들어가지 않는 숫자는?

> - 국민건강보험공단은 임원으로서 이사장 1명, 이사 (　　)명 및 감사 (　　)명을 둔다.
> - 국민건강보험공단 이사회의 정기회의는 매년 (　　)회 정관으로 정하는 시기에 이사회의 의장이 소집한다.
> - 건강보험분쟁조정위원회는 위원장을 포함하여 (　　)명 이내의 위원으로 구성하고, 위원장을 제외한 위원 중 (　　)명은 당연직위원으로 한다.

① 1

② 2

③ 14

④ 20

⑤ 60

> **해설** · 공단은 임원으로서 이사장 1명, 이사 (14)명 및 감사 (1)명을 둔다(국민건강보험법 제20조 제1항).
> · 정기회의는 매년 (2)회 정관으로 정하는 시기에 이사회의 의장이 소집한다(국민건강보험법 시행령 제12조 제2항).
> · 분쟁조정위원회는 위원장을 포함하여 (60)명 이내의 위원으로 구성하고, 위원장을 제외한 위원 중 (1)명은 당연직위원으로 한다(국민건강보험법 제89조 제2항).

29 국민건강보험법령상 직장가입자에 해당하는 자는?

① 비상근 근로자

② 「병역법」에 따른 현역병

③ 1개월 동안의 소정근로시간이 60시간 이상인 시간제공무원

④ 고용기간이 1개월 미만인 일용근로자

⑤ 선거에 당선되어 취임하는 공무원으로서 매월 보수 또는 보수에 준하는 급료를 받지 아니하는 사람

해설 ③ 1개월 동안의 소정근로시간이 60시간 미만인 시간제공무원은 직장가입자에서 제외된다(국민건강보험법 시행령 제9조 제2호). 따라서 60시간 이상인 시간제공무원은 직장가입자에 해당된다.

30 국민건강보험법령상 지역가입자의 재산보험료부과점수당 금액은?

① 104.2원   ② 208.4원

③ 354.5원   ④ 709.0원

⑤ 800.0원

해설 ② 지역가입자의 재산보험료부과점수당 금액은 208.4원으로 한다(국민건강보험법 시행령 제44조 제2항).

31 국민건강보험법상 일반건강검진의 대상이 아닌 자는?

① 세대주인 지역가입자   ② 19세인 직장가입자

③ 19세인 피부양자   ④ 20세인 피부양자

⑤ 20세인 지역가입자

해설 **일반건강검진** : 직장가입자, 세대주인 지역가입자, 20세 이상인 지역가입자 및 20세 이상인 피부양자 (국민건강보험법 제52조 제2항 제1호)

정답   27 ②   28 ④   29 ③   30 ②   31 ③

32 국민건강보험법상 가입자의 자격변동 시기로 옳지 않은 것은?

① 직장가입자인 근로자가 그 사용관계가 끝난 날의 다음 날
② 지역가입자가 적용대상사업장의 사용자로 된 날
③ 지역가입자가 공무원으로 사용된 날
④ 지역가입자가 다른 세대로 전입한 날의 다음 날
⑤ 직장가입자가 다른 적용대상사업장의 사용자로 된 날

해설 ④ 지역가입자가 다른 세대로 전입한 날 그 자격이 변동된다(국민건강보험법 제9조 제1항 제5호).

33 국민건강보험법상 요양급여가 아닌 것은?

① 간호　　　　　　　　② 진찰·검사
③ 수술　　　　　　　　④ 치료재료의 지급
⑤ 장례비

해설 가입자와 피부양자의 질병, 부상, 출산 등에 대하여 다음 각 호의 요양급여를 실시한다(국민건강보험법 제41조 제1항).
1. 진찰·검사
2. 약제(藥劑)·치료재료의 지급
3. 처치·수술 및 그 밖의 치료
4. 예방·재활
5. 입원
6. 간호
7. 이송(移送)

34 국민건강보험법상 보험료에 관한 설명으로 옳은 것은?

① 보험료는 가입자의 자격을 취득한 날이 속하는 달의 다음 달부터 가입자의 자격을 잃은 날의 전날이 속하는 달의 다음 달까지 징수한다.
② 휴직이나 그 밖의 사유로 보수의 전부 또는 일부가 지급되지 아니하는 가입자의 보수월액보험료는 해당 사유가 생긴 다음 달의 보수월액을 기준으로 산정한다.
③ 국외에서 업무에 종사하고 있는 직장가입자에 대한 보험료율은 지역가입자의 보험료율의 100분의 80으로 한다.
④ 직장가입자의 보수 외 소득월액보험료는 직장가입자가 부담한다.
⑤ 직장가입자가 교직원으로서 사립학교에 근무하는 교원이면 보험료액은 그 직장가입자가 100분의 40을, 국가가 100분의 60을 각각 부담한다.

 ① 보험료는 가입자의 자격을 취득한 날이 속하는 달의 다음 달부터 가입자의 자격을 잃은 날의 전날이 속하는 달까지 징수한다(국민건강보험법 제69조 제2항).
② 휴직이나 그 밖의 사유로 보수의 전부 또는 일부가 지급되지 아니하는 가입자의 보수월액보험료는 해당 사유가 생기기 전 달의 보수월액을 기준으로 산정한다(동법 제70조 제2항).
③ 국외에서 업무에 종사하고 있는 직장가입자에 대한 보험료율은 지역가입자의 보험료율의 100분의 50으로 한다(동법 제73조 제2항).
⑤ 직장가입자가 교직원으로서 사립학교에 근무하는 교원이면 보험료액은 그 직장가입자가 100분의 50을, 사용자가 100분의 30을, 국가가 100분의 20을 각각 부담한다(동법 제76조 제1항).

35

고용보험 및 산업재해보상보험의 보험료징수 등에 관한 법령상 고용안정·직업능력개발사업의 보험료율이다. (   )에 들어갈 알맞은 내용은?

> • 상시근로자수가 150명 이상인 사업주의 사업으로서 우선지원대상기업의 범위에 해당하는 사업 : 1만분의 (ㄱ)
> • 국가·지방자치단체가 직접 하는 사업 : 1만분의 (ㄴ)

① ㄱ : 45, ㄴ : 75   ② ㄱ : 45, ㄴ : 85
③ ㄱ : 50, ㄴ : 75   ④ ㄱ : 50, ㄴ : 85
⑤ ㄱ : 50, ㄴ : 90

 고용안정·직업능력개발사업의 보험료율(고용산재보험료징수법 시행령 제12조 제1항 제1호)

사업규모		보험료율
우선지원대상기업	상시근로자수 150인 미만 사업주의 사업	1만분의 25
	상시근로자수 150인 이상 사업주의 사업	1만분의 (45)
우선지원대상기업 ×	상시근로자수 150인 이상 1,000인 미만 사업주의 사업	1만분의 65
	상시근로자수 1,000인 이상 사업주의 사업 및 국가·지방자치단체가 직접 행하는 사업	1만분의 (85)

   32 ④   33 ⑤   34 ④   35 ②

36 고용보험 및 산업재해보상보험의 보험료징수 등에 관한 법률상 보험관계의 성립일 또는 소멸일에 관한 설명으로 옳은 것은?

① 보험관계는 사업이 폐업되거나 끝난 날 소멸한다.
② 일괄적용을 받는 사업의 경우에는 처음 하는 사업이 시작된 날의 다음 날에 보험관계가 성립한다.
③ 근로복지공단의 승인을 얻어 가입한 보험계약을 해지하는 경우에는 그 해지에 관하여 근로복지공단의 승인을 받은 날에 보험관계가 소멸한다.
④ 보험에 가입한 하수급인의 경우에는 그 하도급공사의 착공일의 다음 날에 보험관계가 성립한다.
⑤ 산업재해보상보험에 의제가입한 사업주가 그 사업의 운영 중에 근로자를 고용하지 아니하게 된 때에 근로자를 사용하지 아니한 첫날부터 1년이 되는 날의 다음 날 그 보험관계가 소멸한다.

해설 ① 보험관계는 사업이 폐업되거나 끝난 날의 다음 날 소멸한다(고용산재보험료징수법 제10조 제1호).
② 일괄적용을 받는 사업의 경우에는 처음 하는 사업이 시작된 날에 보험관계가 성립한다(동법 제7조 제4호).
③ 근로복지공단의 승인을 얻어 가입한 보험계약을 해지하는 경우에는 그 해지에 관하여 공단의 승인을 받은 날의 다음 날에 보험관계가 소멸한다(동법 제10조 제2호).
④ 보험에 가입한 하수급인의 경우에는 그 하도급공사의 착공일에 보험관계가 성립한다(동법 제7조 제5호).

37 고용보험 및 산업재해보상보험의 보험료징수 등에 관한 법령상 보험가입자에 관한 설명으로 옳지 않은 것은?

① 「고용보험법」을 적용받는 사업의 사업주는 당연히 「고용보험법」에 따른 고용보험의 보험가입자가 된다.
② 「산업재해보상보험법」을 적용받는 사업의 사업주는 당연히 「산업재해보상보험법」에 따른 산업재해보상보험의 보험가입자가 된다.
③ 상시근로자 수가 3명인 농업 법인의 사업주는 산업재해보상보험에 가입할 수 없다.
④ 사업주가 근로복지공단의 승인을 받아 고용보험계약을 해지할 때에는 근로자 과반수의 동의를 받아야 한다.
⑤ 근로복지공단은 사업 실체가 없는 등의 사유로 계속하여 보험관계를 유지할 수 없다고 인정하는 경우에는 그 보험관계를 소멸시킬 수 있다.

해설 ③ 농업, 임업(벌목업은 제외한다), 어업 및 수렵업 중 법인이 아닌 자의 사업으로서 상시근로자 수가 5명 미만인 사업에 대하여는 산업재해보상보험법을 적용하지 않는다(산업재해보상보험법 시행령 제2조 제1항 제6호). 「산업재해보상보험법」 제6조 단서에 따라 같은 법을 적용하지 아니하는 사업의 사업주는 공단의 승인을 받아 산재보험에 가입할 수 있다(고용산재보험료징수법 제5조 제4항).

38 고용보험 및 산업재해보상보험의 보험료징수 등에 관한 법률상 소멸시효에 관한 설명으로 옳은 것은?

① 보험료, 이 법에 따른 그 밖의 징수금을 징수할 수 있는 권리는 3년간 행사하지 아니하면 시효로 인하여 소멸하며, 소멸시효에 관하여는 「민법」을 우선 적용한다.

② 이 법에 따른 징수금의 독촉에 따라 중단된 소멸시효는 독촉한 날부터 새로 진행한다.

③ 보험료 정산에 따라 사업주가 반환받을 권리의 소멸시효는 다음 보험연도의 첫날부터 진행하며, 보험연도 중에 보험관계가 소멸한 사업의 경우에는 보험관계가 소멸한 날부터 진행한다.

④ 이 법에 따른 체납처분 절차에 따라 하는 교부청구로 중단된 소멸시효는 교부청구일로부터 새로 진행한다.

⑤ 월별보험료의 고지로 중단된 소멸시효는 월별보험료를 고지한 날로부터 새로 진행한다.

해설 ① 보험료, 이 법에 따른 그 밖의 징수금을 징수할 수 있는 권리는 3년간 행사하지 아니하면 시효로 인하여 소멸하며, 소멸시효에 관하여는 이 법에 규정된 것을 제외하고는 「민법」에 따른다(고용산재보험료징수법 제41조).

② 이 법에 따른 징수금의 독촉에 따라 중단된 소멸시효는 독촉에 의한 납부기한이 지난 때부터 새로 진행한다(동법 제42조 제2항 제2호).

④ 이 법에 따른 징수금의 체납처분 절차에 따라 하는 교부청구로 중단된 소멸시효는 교부청구 중의 기간이 지난 때부터 새로 진행한다(동법 제42조 제2항 제4호).

⑤ 월별보험료의 고지로 중단된 소멸시효는 고지한 월별보험료의 납부기한이 지난 때부터 새로 진행한다(동법 제42조 제2항 제1호).

정답 36 ⑤ 37 ③ 38 ③

39 고용보험 및 산업재해보상보험의 보험료징수 등에 관한 법률상 보험료율의 결정에 관한 설명으로 옳은 것은?

① 고용보험료율은 보험수지와 경제상황 등을 고려하여 100분의 30의 범위에서 고용안정·직업능력개발사업의 보험료율 및 실업급여의 보험료율로 구분하여 정한다.

② 고용보험료율을 결정하거나 변경하려면 「고용보험법」에 따른 고용보험위원회의 심의를 거쳐야 한다.

③ 산업재해보상보험의 보험관계가 성립한 후 4년이 지나지 아니한 사업에 대한 산재보험료율은 동일하게 정한다.

④ 산재보험료율을 정하는 경우에는 특정 사업 종류의 산재보험료율이 전체 사업의 평균 산재보험료율의 2배를 초과하지 아니하도록 하여야 한다.

⑤ 고용노동부장관은 관련 규정에 따라 정한 특정 사업 종류의 산재보험료율이 인상되거나 인하되는 경우에는 직전 보험연도 산재보험료율의 100분의 40의 범위에서 조정하여야 한다.

│해설│ ① 고용보험료율은 보험수지의 동향과 경제상황 등을 고려하여 1,000분의 30의 범위에서 고용안정·직업능력개발사업의 보험료율 및 실업급여의 보험료율로 구분하여 대통령령으로 정한다(고용산재보험료징수법 제14조 제1항).

③ 산재보험의 보험관계가 성립한 후 3년이 지나지 아니한 사업에 대한 산재보험료율은 제3항에도 불구하고 고용노동부령으로 정하는 바에 따라 「산업재해보상보험법」 제8조에 따른 산업재해보상보험 및 예방심의위원회의 심의를 거쳐 고용노동부장관이 사업의 종류별로 따로 정한다(동법 제14조 제4항).

④ 산재보험료율을 정하는 경우에는 특정 사업 종류의 산재보험료율이 전체 사업의 평균 산재보험료율의 20배를 초과하지 아니하도록 하여야 한다(동법 제14조 제5항).

⑤ 고용노동부장관은 관련 규정에 따라 정한 특정 사업 종류의 산재보험료율이 인상되거나 인하되는 경우에는 직전 보험연도 산재보험료율의 100분의 30의 범위에서 조정하여야 한다(동법 제14조 제6항).

40 고용보험 및 산업재해보상보험의 보험료징수 등에 관한 법률에 관한 설명으로 옳은 것은?

① 사업종류의 변경으로 보험료 납부방법이 변경되는 경우에는 사업종류의 변경일을 변경 전 사업폐지일로, 사업종류의 변경일의 다음 날을 새로운 사업성립일로 본다.

② 사업주는 그 달의 월별보험료를 그 달 말일까지 납부하여야 하며, 보험료의 정산에 따라 산정된 보험료는 근로복지공단이 정하여 고지한 기한까지 납부하여야 한다.

③ 근로복지공단은 사업주에게 징수하고자 하는 보험료 등의 종류, 납부할 금액 등을 적은 문서로써 납부기한 14일 전까지 월별보험료의 납입을 고지하여야 한다.

④ 국민건강보험공단은 보험료율이 인상 또는 인하된 때에는 개산보험료를 증액 또는 감액 조정하고, 이를 징수한다.

⑤ 사업주는 사업의 폐지·종료 등으로 보험관계가 소멸한 때에는 그 보험관계가 소멸한 날부터 14일 이내에 근로자, 예술인 또는 노무제공자에게 지급한 보수총액 등을 근로복지공단에 신고하여야 한다.

해설 ① 사업종류의 변경으로 보험료 납부방법이 변경되는 경우에는 사업종류의 변경일 전일을 변경 전 사업 폐지일로, 사업종류의 변경일을 새로운 사업성립일로 본다(고용산재보험료징수법 제19조의2).
② 사업주는 그 달의 월별보험료를 다음 달 10일까지 납부하여야 한다. 보험료의 정산에 따라 산정된 보험료는 건강보험공단이 정하여 고지한 기한까지 납부하여야 한다(동법 제16조의7).
③ 건강보험공단은 사업주에게 징수하고자 하는 보험료 등의 종류, 납부할 금액 등을 적은 문서로써 납부기한 10일 전까지 월별보험료의 납입을 고지하여야 한다(동법 제16조의8 제1항).
④ 근로복지공단은 보험료율이 인상 또는 인하된 때에는 월별보험료 및 개산보험료를 증액 또는 감액 조정하고, 월별보험료가 증액된 때에는 건강보험공단이, 개산보험료가 증액된 때에는 공단이 각각 징수한다(동법 제18조 제1항).

정답 39 ② 40 ⑤

사회보험법 문제 및 해설

01 사회보장기본법령상 보건복지부장관이 중장기 사회보장 재정추계 및 사회보장통계 업무를 효율적으로 수행하기 위하여 필요하다고 인정하는 경우 관련 자료의 수집·조사 및 분석에 관한 업무 등을 위탁할 수 있는 기관 또는 단체를 모두 고른 것은?

> ㄱ. 「정부출연연구기관 등의 설립·운영 및 육성에 관한 법률」에 따라 설립된 정부출연연구기관
> ㄴ. 「고등교육법」 제2조에 따른 학교
> ㄷ. 「특정연구기관 육성법」 제2조에 따른 특정연구기관
> ㄹ. 국공립 연구기관

① ㄱ, ㄴ, ㄷ   ② ㄱ, ㄴ, ㄹ
③ ㄱ, ㄷ, ㄹ   ④ ㄴ, ㄷ, ㄹ
⑤ ㄱ, ㄴ, ㄷ, ㄹ

해설

업무의 위탁(사회보장기본법 제44조)

① 보건복지부장관은 필요하다고 인정하는 경우에는 다음 각 호의 업무를 제2항 각 호의 기관 또는 단체에 위탁할 수 있다.
  1. 제30조의2에 따른 사회보장제도의 평가 지원
  2. 제30조의3에 따른 중장기 사회보장 재정추계 관련 자료의 수집·조사 및 분석
  3. 제32조에 따른 사회보장통계 관련 자료의 수집·조사 및 분석
  4. 제32조의2에 따른 사회보장지출통계 관련 자료의 수집·조사 및 분석
  5. 제43조에 따른 사회보장 행정데이터 분석센터의 운영
  6. 그 밖에 대통령령으로 정하는 업무

② 제1항에 따라 보건복지부장관으로부터 위탁을 받아 업무를 수행할 수 있는 기관 또는 단체는 다음 각 호와 같다.
  1. 「정부출연연구기관 등의 설립·운영 및 육성에 관한 법률」에 따라 설립된 정부출연연구기관
  2. 「공공기관의 운영에 관한 법률」 제4조에 따른 공공기관
  3. 그 밖에 대통령령으로 정하는 전문기관 또는 단체

업무의 위탁(사회보장기본법 시행령 제22조)

② 법 제44조 제2항 제3호에서 "대통령령으로 정하는 전문기관 또는 단체"란 다음 각 호의 어느 하나에 해당하는 기관 또는 단체를 말한다.
  1. 「고등교육법」 제2조에 따른 학교
  2. 「특정연구기관 육성법」 제2조에 따른 특정연구기관
  3. 국공립 연구기관

02 사회보장기본법령에 관한 설명으로 옳지 않은 것은?

① 보건복지부장관은 사회보장 행정데이터 분석센터의 설치·운영에 관한 사무를 수행하기 위하여 불가피한 경우 「개인정보 보호법」 시행령 제18조 제2호에 따른 범죄경력자료에 해당하는 정보를 처리할 수 있다.

② 보건복지부장관은 사회보장 분야 전문 인력 양성을 위하여 관계 중앙행정기관, 지방자치단체, 공공기관 및 법인·단체 등의 직원을 대상으로 사회보장에 관한 교육을 매년 1회 이상 실시할 수 있다.

③ 보건복지부장관은 사회보장정보시스템을 통해 다른 법령에 따라 국가 및 지방자치단체로부터 위탁받은 사회보장에 관한 업무를 수행할 수 있다.

④ 보건복지부장관은 사회보장통계의 작성·제출과 관련하여 작성 대상 범위, 절차 등의 내용을 포함한 사회보장통계 운용지침을 마련하여 매년 12월 31일까지 관계 중앙행정기관의 장과 지방자치단체의 장에게 통보하여야 한다.

⑤ 보건복지부장관이 사회보장정보시스템의 운영·지원을 위하여 설치할 수 있는 전담기구는 「사회보장급여의 이용·제공 및 수급권자 발굴에 관한 법률」 제29조에 따른 한국사회보장정보원으로 한다.

> **해설**
> ① 보건복지부장관은 사회보장 행정데이터 분석센터의 설치·운영에 관한 사무를 수행하기 위하여 불가피한 경우 「개인정보 보호법」 제23조에 따른 건강에 관한 정보가 포함된 자료를 처리할 수 있다(사회보장기본법 시행령 제21조 제1항 제2호). 「개인정보 보호법」 시행령 제18조 제2호에 따른 범죄경력자료에 해당하는 정보는 사회보장정보시스템의 구축 및 운영 등에 관한 사무를 수행하기 위하여 처리할 수 있다(동법 시행령 제21조 제1항 제1호).
> ② 동법 시행령 제17조 제1항
> ③ 동법 시행령 제19조 제1항 제6호
> ④ 동법 시행령 제18조 제1항
> ⑤ 동법 시행령 제19조 제6항

03 사회보장기본법령상 사회보장 재정추계(財政推計)에 관한 설명으로 옳은 것은?

① 보건복지부장관은 사회보장제도의 안정적인 운영을 위하여 중장기 사회보장 재정추계를 적어도 3년마다 실시하고 이를 공표하여야 한다.

② 보건복지부장관은 사회보장 재정추계를 위하여 재정추계를 실시하는 해의 1월 31일까지 재정추계 세부지침을 마련하여야 한다.

③ 보건복지부장관은 마련한 재정추계 세부지침에 따라 추계를 실시하는 해의 9월 30일까지 재정추계를 하고, 그 결과를 사회보장위원회의 심의를 거쳐 같은 해 10월 31일까지 관계 중앙행정기관의 장에게 통보하여야 한다.

④ 관계 중앙행정기관의 장은 재정추계 결과를 바탕으로 정책개선안을 마련하여 같은 해 12월 31일까지 보건복지부장관에게 제출하여야 한다.

⑤ 보건복지부장관은 정책개선안을 종합하여 이를 추계 실시 해의 다음 해 3월 31일까지 사회보장위원회에 보고하여야 한다.

해설 ① 사회보장기본법 제30조의3 제1항

② 보건복지부장관은 법 제30조의3 제1항에 따른 중장기 사회보장 재정추계를 위하여 재정추계를 실시하는 연도의 6월 30일까지 재정추계의 세부범위, 추계방법, 추진체계, 공표방법 및 절차 등이 포함된 재정추계 세부지침을 마련해야 한다(동법 시행령 제16조의3 제1항).

③ 보건복지부장관은 법 제30조의3 제1항에 따른 중장기 사회보장 재정추계를 제1항의 재정추계 세부지침에 따라 해당 연도의 10월 31일까지 실시하되, 「국민연금법」 제4조 제2항에 따른 국민연금의 재정전망 또는 「국가재정법」 제7조 제4항에 따른 장기 재정전망의 실시 시기와 연계해야 한다(사회보장기본법 시행령 제16조의3 제2항). 보건복지부장관은 제2항에 따라 실시한 재정추계 결과를 위원회의 심의를 거친 후 1개월 이내에 관계 중앙행정기관의 장에게 통보하고, 그 내용을 홈페이지 게재 등의 방법으로 공표해야 한다(동법 시행령 제16조의3 제3항).

④, ⑤ 조문 삭제됨.

04 고용보험법상 「장애인고용촉진 및 직업재활법」 제2조 제1호에 따른 장애인의 피보험기간이 1년인 구직급여의 소정급여일수는?

① 120일 ② 180일
③ 210일 ④ 240일
⑤ 270일

해설 구직급여의 소정급여일수(고용보험법 제50조 제1항 관련 [별표 1])

구분		피보험기간				
		1년 미만	1년 이상 3년 미만	3년 이상 5년 미만	5년 이상 10년 미만	10년 이상
이직일 현재 연령	50세 미만	120일	150일	180일	210일	240일
	50세 이상	120일	180일	210일	240일	270일

※ 장애인고용촉진 및 직업재활법 제2조 제1호에 따른 장애인은 50세 이상인 것으로 보아 위 표를 적용한다.

05 고용보험법상 심사 및 재심사청구에 관한 설명으로 옳은 것은?

① 직업안정기관 또는 근로복지공단은 심사청구서를 받은 날부터 7일 이내에 의견서를 첨부하여 심사청구서를 고용보험심사관에 보내야 한다.
② 고용보험심사관은 원처분 등의 집행에 의하여 발생하는 중대한 위해(危害)를 피하기 위하여 긴급한 필요가 있다고 인정되더라도 직권으로는 그 집행을 정지시킬 수 없다.
③ 육아휴직 급여와 출산전후휴가 급여 등에 관한 처분에 대한 심사의 청구는 근로복지공단을 거쳐 고용보험심사관에게 하여야 한다.
④ 고용보험심사관은 심사의 청구에 대한 심리(審理)를 마쳤을 때에는 원처분 등의 전부 또는 일부를 취소하거나 심사청구의 전부 또는 일부를 기각한다.
⑤ 심사청구에 대한 결정은 심사청구인 및 직업안정기관의 장 또는 근로복지공단에 결정서의 정본을 보낸 다음 날부터 효력이 발생한다.

해설 ① 5일 이내에 보내야 한다(고용보험법 제90조 제2항).
② 집행부정지가 원칙이나 중대한 위해를 피하기 위해 예외적으로 집행정지 가능하다(동법 제93조 제1항 단서).
③ 직업안정기관의 장을 거쳐 고용보험심사관에게 한다(동법 제90조 제1항).
⑤ 결정은 심사청구인 및 직업안정기관의 장 또는 근로복지공단에 결정서의 정본을 보낸 날부터 효력이 발생한다(동법 제98조 제1항).

정답 ▶ 03 ① 04 ② 05 ④

06 고용보험법령상 육아휴직 급여 등의 특례에 관한 내용이다. (   )에 들어갈 내용은?

> 같은 자녀에 대하여 자녀의 출생 후 18개월이 될 때까지 피보험자인 부모가 모두 육아휴직을 하는 경우(부모의 육아휴직기간이 전부 또는 일부 겹치지 않은 경우를 포함한다) 그 부모인 피보험자의 육아휴직 급여의 월별 지급액은 육아휴직 7개월째부터 육아휴직 종료일까지는 육아휴직 시작일을 기준으로 한 각 피보험자의 월 통상임금의 (ㄱ)에 해당하는 금액으로 한다. 다만, 해당 금액이 (ㄴ)만원을 넘는 경우에는 부모 각각에 대하여 (ㄴ)만원으로 하고, 해당 금액이 70만원보다 적은 경우에는 부모 각각에 대하여 70만원으로 한다.

① ㄱ : 100분의 70, ㄴ : 150　　　　② ㄱ : 100분의 70, ㄴ : 200

③ ㄱ : 100분의 80, ㄴ : 100　　　　④ ㄱ : 100분의 80, ㄴ : 160

⑤ ㄱ : 100분의 80, ㄴ : 200

해설 ④ ㄱ : 100분의 80, ㄴ : 160

출생 후 18개월 이내의 자녀에 대한 육아휴직 급여 등의 특례(고용보험법 시행령 제95조의3)

① 제95조 제1항 및 제95조의2 제1항·제2항에도 불구하고 같은 자녀에 대하여 자녀의 출생 후 18개월이 될 때까지 피보험자인 부모가 모두 육아휴직을 하는 경우(부모의 육아휴직기간이 전부 또는 일부 겹치지 않은 경우를 포함한다) 그 부모인 피보험자의 육아휴직 급여의 월별 지급액은 다음 각 호의 구분에 따라 산정한 금액으로 한다. 〈개정 2024.12.24.〉

1. 육아휴직 시작일부터 6개월까지 : 육아휴직 시작일을 기준으로 한 각 피보험자의 월 통상임금에 해당하는 금액. 이 경우 그 월별 지급액의 상한액은 다음 각 목의 구분에 따르며, 그 월별 지급액의 하한액은 부모 각각에 대하여 70만원으로 한다.

   가. 부모가 육아휴직을 사용한 기간이 각각 1개월인 경우 : 부모 각각에 대하여 월 250만원

   나. 부모가 육아휴직을 사용한 기간이 각각 2개월인 경우 : 부모 각각에 대하여 첫 번째 달과 두 번째 달 모두 월 250만원

   다. 부모가 육아휴직을 사용한 기간이 각각 3개월인 경우 : 부모 각각에 대하여 첫 번째 달과 두 번째 달은 월 250만원, 세 번째 달은 월 300만원

   라. 부모가 육아휴직을 사용한 기간이 각각 4개월인 경우 : 부모 각각에 대하여 첫 번째 달과 두 번째 달은 월 250만원, 세 번째 달은 월 300만원, 네 번째 달은 월 350만원

   마. 부모가 육아휴직을 사용한 기간이 각각 5개월인 경우 : 부모 각각에 대하여 첫 번째 달과 두 번째 달은 월 250만원, 세 번째 달은 월 300만원, 네 번째 달은 월 350만원, 다섯 번째 달은 월 400만원

   바. 부모가 육아휴직을 사용한 기간이 각각 6개월인 경우 : 부모 각각에 대하여 첫 번째 달과 두 번째 달은 월 250만원, 세 번째 달은 월 300만원, 네 번째 달은 월 350만원, 다섯 번째 달은 월 400만원, 여섯 번째 달은 월 450만원

2. 육아휴직 7개월째부터 육아휴직 종료일까지 : 육아휴직 시작일을 기준으로 한 각 피보험자의 월 통상임금의 (100분의 80)에 해당하는 금액. 다만, 해당 금액이 (160)만원을 넘는 경우에는 부모 각각에 대하여 (160)만원으로 하고, 해당 금액이 70만원보다 적은 경우에는 부모 각각에 대하여 70만원으로 한다.

07 **고용보험법령상 보험가입 등에 관한 설명으로 옳지 않은 것은?**

① 「국가공무원법」에 따른 임기제 공무원(이하 "임기제 공무원"이라 한다)의 경우는 본인의 의사에 따라 고용보험(실업급여에 한정)에 가입할 수 있다.

② 임기제 공무원이 원하는 경우에는 임용된 날부터 3개월 이내에 고용노동부장관에게 직접 고용보험 가입을 신청할 수 있다.

③ 고용보험 피보험자격을 취득한 임기제 공무원이 공무원 신분의 변동에 따라 계속하여 다른 임기제 공무원으로 임용된 때에는 별도의 가입신청을 하지 않은 경우에도 고용보험의 피보험자격을 유지한다.

④ 임기제 공무원이 가입한 고용보험에서 탈퇴한 이후에 가입대상 공무원으로 계속 재직하는 경우 본인의 신청에 의하여 고용보험에 다시 가입할 수 있다.

⑤ 고용보험에 가입한 임기제 공무원에 대한 보험료는 소속기관과 고용보험에 가입한 임기제 공무원이 각각 2분의 1씩 부담한다.

> **해설** ④ 고용보험에서 탈퇴한 이후에 가입대상 공무원으로 계속 재직하는 동안에는 고용보험에 다시 가입할 수 없으며, 고용보험에서 탈퇴한 이후에는 수급자격을 인정하지 아니한다(고용보험법 시행령 제3조의2 제5항).

08 **고용보험법령상 실업급여에 관한 설명으로 옳지 않은 것은?**

① 실업급여수급계좌의 해당 금융기관은 「고용보험법」에 따른 실업급여만이 실업급여수급계좌에 입금되도록 관리하여야 한다.

② 직업안정기관의 장은 수급자격 인정신청한 사람에게 신청인이 원하는 경우에는 해당 실업급여를 실업급여수급계좌로 받을 수 있다는 사실을 안내하여야 한다.

③ 실업급여수급계좌에 입금된 실업급여 금액 전액 이하의 금액에 관한 채권은 압류할 수 없다.

④ 실업급여로서 지급된 금품에 대하여는 「국세기본법」 제2조 제8호의 공과금을 부과한다.

⑤ 직업안정기관의 장은 정보통신장애로 인하여 실업급여를 실업급여수급계좌로 이체할 수 없을 때에는 해당 실업급여 금액을 수급자격자에게 직접 현금으로 지급할 수 있다.

> **해설** ④ 실업급여로서 지급된 금품에 대하여는 국가나 지방자치단체의 공과금(「국세기본법」 제2조 제8호 또는 「지방세기본법」 제2조 제1항 제26호에 따른 공과금을 말한다)을 부과하지 않는다(고용보험법 제38조의2).

정답 > **06** ④ **07** ④ **08** ④

09 고용보험법상 최종 이직 당시 단기예술인인 피보험자에게만 적용되는 구직급여 지급요건을 모두 고른 것은?

> ㄱ. 수급자격의 인정신청일 이전 1개월 동안의 노무제공일수가 10일 미만이거나 수급자격 인정신청일 이전 14일간 연속하여 노무제공내역이 없을 것
> ㄴ. 이직일 이전 24개월 동안의 피보험 단위기간이 통산하여 9개월 이상일 것
> ㄷ. 이직일 이전 24개월 중 3개월 이상을 예술인인 피보험자로 피보험자격을 유지하였을 것
> ㄹ. 최종 이직일 이전 24개월 동안의 피보험 단위기간 중 다른 사업에서 제77조의5 제2항에서 준용하는 제58조에 따른 수급자격의 제한 사유에 해당하는 사유로 이직한 사실이 있는 경우에는 그 피보험 단위기간 중 90일 이상을 단기예술인으로 종사하였을 것
> ㅁ. 근로 또는 노무제공의 의사와 능력이 있음에도 불구하고 취업(영리를 목적으로 사업을 영위하는 경우를 포함한다)하지 못한 상태에 있을 것

① ㄱ, ㄹ
② ㄱ, ㄴ, ㅁ
③ ㄴ, ㄹ, ㅁ
④ ㄴ, ㄷ, ㄹ, ㅁ
⑤ ㄱ, ㄴ, ㄷ, ㄹ, ㅁ

해설 ㄱ. 고용보험법 제77조의3 제1항 제6호 가목
ㄹ. 고용보험법 제77조의3 제1항 제6호 나목

예술인 구직급여의 수급요건(고용보험법 제77조의3)
① 예술인의 구직급여는 다음 각 호의 요건을 모두 갖춘 경우에 지급한다. 다만, **제6호는 최종 이직 당시 단기예술인이었던 사람만 해당**한다.
1. 이직일 이전 24개월 동안의 피보험 단위기간이 통산하여 9개월 이상일 것
2. 근로 또는 노무제공의 의사와 능력이 있음에도 불구하고 취업(영리를 목적으로 사업을 영위하는 경우를 포함한다)하지 못한 상태에 있을 것
3. 이직사유가 제77조의5 제2항에서 준용하는 제58조에 따른 수급자격의 제한사유에 해당하지 아니할 것. 다만, 제77조의5 제2항에서 준용하는 제58조 제2호 가목에도 불구하고 예술인이 이직할 당시 대통령령으로 정하는 바에 따른 소득감소로 인하여 이직하였다고 직업안정기관의 장이 인정하는 경우에는 제58조에 따른 수급자격의 제한사유에 해당하지 아니하는 것으로 본다.
4. 이직일 이전 24개월 중 **3개월 이상을 예술인인 피보험자로 피보험자격을 유지하였을 것**
5. 재취업을 위한 노력을 적극적으로 할 것
6. 다음 각 목의 요건을 모두 갖출 것
   가. 수급자격의 인정신청일 이전 1개월 동안의 노무제공일수가 10일 미만이거나 수급자격 인정신청일 이전 14일간 연속하여 노무제공내역이 없을 것
   나. 최종 이직일 이전 24개월 동안의 피보험 단위기간 중 다른 사업에서 제77조의5 제2항에서 준용하는 제58조에 따른 수급자격의 제한 사유에 해당하는 사유로 이직한 사실이 있는 경우에는 그 피보험 단위기간 중 90일 이상을 단기예술인으로 종사하였을 것

10 고용보험법령상 연장급여의 상호 조정 등에 관한 설명으로 옳지 않은 것은?

① 훈련연장급여의 지급 기간은 1년을 한도로 한다.

② 훈련연장급여를 지급받고 있는 수급자격자에게는 그 훈련연장급여의 지급이 끝난 후가 아니면 특별연장급여를 지급하지 아니한다.

③ 개별연장급여를 지급받고 있는 수급자격자가 훈련연장급여를 지급받게 되면 개별연장급여를 지급하지 아니한다.

④ 특별연장급여를 지급받고 있는 수급자격자에게는 특별연장급여의 지급이 끝난 후가 아니면 개별연장급여를 지급하지 아니한다.

⑤ 특별연장급여는 그 수급자격자가 지급받을 수 있는 구직급여의 지급이 끝난 후에 지급한다.

해설 ① 훈련연장급여의 지급 기간은 2년을 한도로 한다(고용보험법 시행령 제72조).
② 동법 제55조 제2항
③ 동법 제55조 제3항
④ 동법 제55조 제4항
⑤ 동법 제55조 제1항

연장급여

1. 의의

소정급여일수를 초과하여 지급되는 급여

2. **연장급여의 종류**

(1) 훈련연장급여

① 지급대상 : 재취업을 위하여 직업능력개발훈련이 필요하다고 인정되어 직업안정기관장의 지시에 따라 직업능력개발훈련을 받는 수급자격자

② 지급기간 : 2년을 한도로 직업능력개발훈련을 받는 기간 중 실업의 인정을 받은 날에 대하여 지급

(2) 개별연장급여

① 지급대상

취업이 특히 곤란하고 생활이 어려운 수급자격자로서 다음의 요건을 모두 갖춘 수급자격자

㉠ 실업신고일부터 구직급여의 지급이 끝날 때까지 직업안정기관장의 직업소개에 3회 이상 응하였으나 취업되지 아니한 사람으로서 부양가족이 있는 사람

㉡ 급여기초 임금일액과 본인과 배우자의 재산합계액이 각각 고용노동부장관이 정하여 고시한 기준 이하인 사람

② 개별연장급여의 지급일수

최대 60일. 다만, 고용노동부장관이 정하는 기준에 따라 그 지급기간을 60일 미만으로 정할 수 있음.

   (3) 특별연장급여
    ① 지급사유
     다음의 어느 하나에 해당하고 그와 같은 상황이 계속될 것으로 예상되는 경우로서 실업의 급증 등에 따른 고용사정의 급격한 악화로 고용정책심의회에서 특별연장급여의 지급이 필요하다고 의결한 경우
      ㉠ 매월의 구직급여 지급을 받은 사람의 수(훈련연장급여, 개별연장급여 또는 특별연장급여를 지급받는 사람의 수는 제외)를 해당 월의 말일의 피보험자수로 나누어 얻은 비율이 연속하여 3개월 동안 각각 100분의 3을 초과하는 경우
      ㉡ 매월의 수급자격신청률이 연속하여 3개월 동안 100분의 1을 초과하는 경우
      ㉢ 매월의 실업률이 연속하여 3개월 동안 100분의 6을 초과하는 경우
      ㉣ 실업의 급증 등에 따른 고용사정의 급격한 악화로 고용정책심의회에서 특별연장급여의 지급이 필요하다고 의결한 경우
    ② 지급제외자
     이직 후의 생활안정을 위한 일정 기준 이상의 소득이 있는 수급자격자로서 다음에 해당하는 수급자격자에게는 지급하지 않음
      ㉠ 이직 당시 지급받은 금품의 명칭이 무엇이든 급여기초임금일액 상한액의 24개월분(730일분) 이상의 금품을 지급받은 수급자격자
      ㉡ 실업자 취업훈련수당이 특별연장급여액을 초과하는 등의 사유로 특별연장급여를 받지 아니하려는 수급자격자
    ③ 실시기간
     6개월 이내에서 고용노동부장관이 정함
    ④ 지급기간
     60일의 범위에서 수급권자가 실업의 인정을 받은 날에 대하여 지급

3. 연장급여의 상호 조정

  (1) 구직급여 & 연장급여 → 구직급여 우선
    연장급여는 수급자격자가 지급받을 수 있는 구직급여의 지급이 끝난 후에 지급
  (2) 훈련연장급여와 개별연장급여·특별연장급여 → 훈련연장급여 우선
    ① 훈련연장급여를 지급받고 있는 수급자격자에게는 훈련연장급여의 지급이 끝난 후가 아니면 개별연장급여 및 특별연장급여 지급 ✕
    ② 개별연장급여 또는 특별연장급여를 지급받고 있는 수급자격자가 훈련연장급여를 지급받게 되면 개별연장급여나 특별연장급여 지급 ✕
  (3) 개별연장급여와 특별연장급여 → 먼저 지급받는 것 우선
    특별연장급여를 지급받고 있는 수급자격자에게는 특별연장급여의 지급이 끝난 후 아니면 개별연장급여 지급 ✕, 개별연장급여를 지급받고 있는 수급자격자에게는 개별연장급여의 지급이 끝난 후 아니면 특별연장급여 지급 ✕

11 고용보험법상 훈련연장급여에 관한 내용이다. (   )에 들어갈 숫자를 순서대로 옳게 나열한 것은?

> 제54조(연장급여의 수급기간 및 구직급여일액) ① 〈중략〉
> ② 제51조에 따라 훈련연장급여를 지급하는 경우에 그 일액은 해당 수급자격자의 구직급여일액의 100분의 (   )으로 하고, 제52조 또는 제53조에 따라 개별연장급여 또는 특별연장급여를 지급하는 경우에 그 일액은 해당 수급자격자의 구직급여 일액의 100분의 (   )을 곱한 금액으로 한다.

① 60, 60
② 70, 60
③ 80, 60
④ 90, 70
⑤ 100, 70

해설 연장급여의 수급기간 및 구직급여일액(고용보험법 제54조)
① 제51조부터 제53조까지의 규정에 따른 연장급여를 지급하는 경우에 그 수급자격자의 수급기간은 제48조에 따른 그 수급자격자의 수급기간에 연장되는 구직급여일수를 더하여 산정한 기간으로 한다.
② 제51조에 따라 훈련연장급여를 지급하는 경우에 그 일액은 해당 수급자격자의 구직급여일액의 100분의 (<u>100</u>)으로 하고, 제52조 또는 제53조에 따라 개별연장급여 또는 특별연장급여를 지급하는 경우에 그 일액은 해당 수급자격자의 구직급여일액의 100분의 (<u>70</u>)을 곱한 금액으로 한다.
③ 제2항에 따라 산정된 구직급여일액이 제46조 제2항에 따른 최저구직급여일액보다 낮은 경우에는 최저구직급여일액을 그 수급자격자의 구직급여일액으로 한다.

정답 11 ⑤

12 고용보험법령상 고용유지지원금에 관한 설명이다. (   )에 들어갈 내용으로 옳은 것은? (다만, 2020년 보험연도의 경우는 제외한다.)

> 고용유지지원금은 그 조치를 실시한 일수(둘 이상의 고용유지조치를 동시에 실시한 날은 (ㄱ)로 본다)의 합계가 그 보험연도의 기간 중에 (ㄴ)에 이를 때까지만 각각의 고용유지조치에 대하여 고용유지지원금을 지급한다.

① ㄱ : 1일, ㄴ : 60일　　　　　② ㄱ : 1일, ㄴ : 90일
③ ㄱ : 1일, ㄴ : 180일　　　　④ ㄱ : 2일, ㄴ : 90일
⑤ ㄱ : 2일, ㄴ : 180일

해설 고용유지지원금의 금액 등(고용보험법 시행령 제21조 제2항)

제1항에 따른 고용유지지원금은 그 조치를 실시한 일수(둘 이상의 고용유지조치를 동시에 실시한 날은 (<u>1일</u>)로 본다)의 합계가 그 보험연도의 기간 중에 (<u>180일</u>)에 이를 때까지만 각각의 고용유지조치에 대하여 고용유지지원금을 지급한다.

13 고용보험법령상 고용보험위원회(이하 '위원회'라 한다)에 관한 설명으로 옳지 않은 것은?

① 위원회의 위원장은 고용노동부차관이 되며, 그 위원장은 위원을 임명하거나 위촉한다.
② 위원회에는 고용보험운영전문위원회와 고용보험평가전문위원회를 둔다.
③ 위원회의 위원 중 정부를 대표하는 사람은 임명의 대상이 된다.
④ 위원회의 간사는 1명을 두되, 간사는 고용노동부 소속 공무원 중에서 위원장이 임명한다.
⑤ 「고용보험 및 산업재해보상보험의 보험료징수 등에 관한 법률」에 따른 보험료율의 결정에 관한 사항은 위원회의 심의사항이다.

해설 ① 위원회의 위원장은 고용노동부차관이 되고, 위원은 근로자를 대표하는 사람, 사용자를 대표하는 사람, 공익을 대표하는 사람, 정부를 대표하는 사람 중에서 각각 같은 수로 고용노동부장관이 임명하거나 위촉하는 사람이 된다(고용보험법 제7조 제4항).

14 산업재해보상보험법령상 산업재해보상보험 및 예방심의위원회(이하 '위원회'라 한다)에 관한
내용으로 옳지 않은 것은?

① 위원회는 근로자를 대표하는 사람, 사용자를 대표하는 사람 및 공익을 대표하는 사람으
로 구성하되, 그 수는 각각 같은 수로 한다.

② 사용자를 대표하는 위원은 전국을 대표하는 사용자 단체가 추천하는 사람 5명으로 한다.

③ 근로자를 대표하는 위원의 임기는 3년으로 하되, 연임할 수 있다.

④ 위원회의 회의는 재적위원 과반수의 출석으로 개의하고, 출석위원 3분의 2 이상의 찬성
으로 의결한다.

⑤ 보궐위원의 임기는 전임자의 남은 임기로 한다.

> **해설** ④ 재적위원 과반수의 출석으로 개의하고 출석위원 과반수의 찬성으로 의결한다(산업재해보상보험
> 법 시행령 제7조 제3항).
> ① 동법 제8조 제2항
> ② 동법 시행령 제4조 제2호
> ③ 동법 시행령 제5조 제1항
> ⑤ 동법 시행령 제5조 제2항

15 산업재해보상보험법령상 유족보상연금에 관한 내용으로 옳지 않은 것은?

① 유족보상연금 수급자격자인 유족이 사망한 근로자와의 친족 관계가 끝난 경우 그 자격을
잃는다.

② 대한민국 국민이 아닌 유족보상연금 수급자격자인 유족이 외국에서 거주하기 위하여 출
국하는 경우 그 자격을 잃는다.

③ 근로복지공단은 근로자의 사망 당시 태아였던 자녀가 출생한 경우 유족보상연금 수급권
자의 청구에 의하거나 직권으로 그 사유가 발생한 달 분부터 유족보상연금의 금액을 조
정한다.

④ 근로자가 사망할 당시 대한민국 국민이었던 유족보상연금 수급자격자인 유족이 국적을
상실하고 외국에서 거주하고 있거나 외국에서 거주하기 위하여 출국하는 경우 그 자격을
잃는다.

⑤ 유족보상연금을 받을 권리가 있는 유족보상연금 수급자격자가 그 자격을 잃은 경우에
유족보상연금을 받을 권리는 같은 순위자가 있으면 같은 순위자에게, 같은 순위자가 없
으면 다음 순위자에게 이전된다.

> **해설** ③ 근로복지공단은 근로자의 사망 당시 태아였던 자녀가 출생한 경우 유족보상연금 수급권자의 청
> 구에 의하거나 직권으로 그 사유가 발생한 달의 다음 달 분부터 유족보상연금의 금액을 조정한다
> (산업재해보상보험법 시행령 제63조 제1호).

정답   12 ③   13 ①   14 ④   15 ③

16 **산업재해보상보험법령상 노무제공자에 대한 특례의 내용으로 옳지 않은 것은?**

① "플랫폼 종사자"란 온라인 플랫폼을 통해 노무를 제공하는 노무제공자를 말한다.

② "평균보수"란 이를 산정하여야 할 사유가 발생한 날이 속하는 달의 전달 말일부터 이전 3개월 동안 노무제공자가 재해가 발생한 사업에서 지급받은 보수와 같은 기간 동안 해당 사업 외의 사업에서 지급받은 보수를 모두 합산한 금액을 해당 기간의 총 일수로 나눈 금액을 말한다.

③ 보험을 모집하는 사람으로서 「새마을금고법」 및 「신용협동조합법」에 따른 공제의 모집을 전업으로 하는 사람은 노무제공자의 범위에 포함된다.

④ 보험을 모집하는 사람으로서 「우체국예금·보험에 관한 법률」에 따른 우체국보험의 모집을 전업으로 하는 사람은 노무제공자의 범위에 포함된다.

⑤ "플랫폼 운영자"란 온라인 플랫폼을 이용하여 플랫폼 종사자의 노무제공을 중개 또는 알선하는 것을 업으로 하는 자를 말한다.

> **해설** ② "평균보수"란 이를 산정하여야 할 사유가 발생한 날이 속하는 달의 전전달 말일부터 이전 3개월 동안 노무제공자가 재해가 발생한 사업에서 지급받은 보수와 같은 기간 동안 해당 사업 외의 사업에서 지급받은 보수를 모두 합산한 금액을 해당 기간의 총 일수로 나눈 금액을 말한다. 다만, 노무제공의 특성에 따라 소득확인이 어렵거나 소득의 종류나 내용에 따라 평균보수를 산정하기 곤란하다고 인정되는 경우에는 고용노동부장관이 고시하는 금액으로 한다(산업재해보상보험법 제91조의15 제6호).

17 **산업재해보상보험법상 요양급여의 범위에 해당하는 것은 모두 몇 개인가?**

- 재활치료
- 간호
- 이송
- 간병
- 약제 또는 진료재료와 의지(義肢)나 그 밖의 보조기의 지급

① 1개 ② 2개
③ 3개 ④ 4개
⑤ 5개

해설 요양급여의 범위(산업재해보상보험법 제40조 제4항).
1. 진찰 및 검사
2. 약제 또는 진료재료와 의지(義肢)나 그 밖의 보조기의 지급
3. 처치, 수술, 그 밖의 치료
4. 재활치료
5. 입원
6. 간호 및 간병
7. 이송
8. 그 밖에 고용노동부령으로 정하는 사항

18 산업재해보상보험법령상 장례비에 관한 설명으로 옳지 않은 것은?

① 장례비 최고금액 및 최저금액의 적용기간은 해당 연도 1월 1일부터 12월 31일까지로 한다.
② 장례비 최고금액은 전년도 장례비 수급권자에게 지급된 1명당 평균 장례비 90일분 + 최고 보상기준 금액의 30일분으로 산정한다.
③ 장례비 최저금액은 전년도 장례비 수급권자에게 지급된 1명당 평균 장례비 90일분 + 최저 보상기준 금액의 30일분으로 산정한다.
④ 장례비 최고금액 및 최저금액을 산정할 때 10원 미만은 버린다.
⑤ 장례비는 장례를 지낼 유족이 없거나 그 밖에 부득이한 사유로 유족이 아닌 사람이 장례를 지낸 경우에는 평균임금의 120일분에 상당하는 금액의 범위에서 실제 드는 비용을 그 장례를 지낸 사람에게 지급한다.

해설 ① 장례비 최고금액 및 최저금액의 적용기간은 다음 연도 1월 1일부터 12월 31일까지로 한다(산업재해보상보험법 시행령 제66조 제3항).
② 동법 시행령 제66조 제1항 제1호
③ 동법 시행령 제66조 제1항 제2호
④ 동법 시행령 제66조 제2항
⑤ 동법 제71조 제1항

19 산업재해보상보험법령상 업무상질병판정위원회의 구성에 관한 내용으로 옳은 것은?

① 「고등교육법」 제2조에 따른 학교에서 조교수 이상으로 재직하고 있는 사람은 위원이 될 수 없다.

② 「국가기술자격법」에 따른 산업위생관리 기사 이상의 자격을 취득하고 관련 업무에 3년 이상 종사한 치과의사는 위원이 될 수 없다.

③ 산업재해보상보험 관련 업무에 5년 이상 종사한 사람은 위원이 될 수 있다.

④ 「국가기술자격법」에 따른 인간공학 분야 기사 이상의 자격을 취득하고 관련 업무에 3년 이상 종사한 한의사는 위원이 될 수 없다.

⑤ 위원장과 위원의 임기는 3년으로 하되, 연임할 수 있다.

해설 ③ 산업재해보상보험 관련 업무에 5년 이상 종사한 사람은 위원이 될 수 있다(산업재해보상보험법 시행규칙 제6조 제2항 제4호).

①, ②, ④ : 동법 시행규칙 제6조 제2항

업무상질병판정위원회의 구성(산업재해보상보험법 시행규칙 제6조 제2항).

판정위원회의 위원장 및 위원은 다음 각 호의 어느 하나에 해당하는 사람 중에서 공단 이사장이 위촉하거나 임명한다.

1. 변호사 또는 공인노무사
2. 고등교육법 제2조에 따른 학교에서 조교수 이상으로 재직하고 있거나 재직하였던 사람
3. 의사, 치과의사, 또는 한의사
4. 산업재해보상보험 관련 업무에 5년 이상 종사한 사람
5. 국가기술자격법에 따른 산업위생관리 또는 인간공학 분야 기사 이상의 자격을 취득하고 관련업무에 5년 이상 종사한 사람

---

⑤ 판정위원회의 위원장과 위원의 임기는 2년으로 하되, 연임할 수 있다(동법 시행규칙 제6조 제5항).

20 산업재해보상보험법에서 사용하는 용어의 정의로 옳지 않은 것은?

① "유족"이란 사망한 사람의 배우자(사실상 혼인 관계에 있는 사람을 포함한다)·자녀·부모·손자녀·조부모 또는 형제자매를 말한다.

② "장해"란 업무상의 부상 또는 질병에 따른 정신적 또는 육체적 훼손으로 노동능력이 상실되거나 감소된 상태로서 그 부상 또는 질병이 치유되지 아니한 상태를 말한다.

③ "치유"란 부상 또는 질병이 완치되거나 치료의 효과를 더 이상 기대할 수 없고 그 증상이 고정된 상태에 이르게 된 것을 말한다.

④ "출퇴근"이란 취업과 관련하여 주거와 취업장소 사이의 이동 또는 한 취업장소에서 다른 취업장소로의 이동을 말한다.

⑤ "진폐"(塵肺)란 분진을 흡입하여 폐에 생기는 섬유증식성(纖維增殖性) 변화를 주된 증상으로 하는 질병을 말한다.

> **해설** ② 장해 : 부상 또는 질병이 치유되었으나 정신적 또는 육체적 훼손으로 인하여 노동능력이 상실되거나 감소된 상태를 말한다(산업재해보상보험법 제5조 제5호).
> * 중증요양상태 : 업무상의 부상 또는 질병에 따른 정신적 또는 육체적 훼손으로 노동능력이 상실되거나 감소된 상태로서 그 부상 또는 질병이 치유되지 아니한 상태를 말한다(동법 제5조 제6호).
> ①, ③, ④, ⑤ : 동법 제5조 참고

21 산업재해보상보험법상 장해보상연금에 관한 내용이다. (　　)에 들어갈 숫자의 합은?

> 장해보상연금은 수급권자가 신청하면 그 연금의 최초 1년분 또는 (　　)년분(대통령령으로 정하는 노동력을 완전히 상실한 장해등급의 근로자에게는 그 연금의 최초 1년분부터 (　　)년분까지)의 (　　)분의 1에 상당하는 금액을 미리 지급할 수 있다. 이 경우 미리 지급하는 금액에 대하여는 100분의 (　　)의 비율 범위에서 대통령령으로 정하는 바에 따라 이자를 공제할 수 있다.

① 11 　　　　　　　　　　　② 12
③ 13 　　　　　　　　　　　④ 15
⑤ 18

> **해설** 수급권자가 신청하면 그 연금의 최초 1년분 또는 (2)년분(1급~3급은 1년분부터 (4)년분까지)의 (2)분의 1에 상당하는 금액을 미리 지급할 수 있다. 이 경우 미리 지급하는 금액에 대하여는 100분의 (5)의 비율 범위에서 대통령령으로 정하는 바에 따라 이자를 공제할 수 있다(산업재해보상보험법 제57조 제4항).

정답 　19 ③　20 ②　21 ③

22 산업재해보상보험법령상 상병보상연금에 관한 설명으로 옳은 것은?

① 중증요양상태등급이 제3급인 경우 평균임금의 257일분을 지급한다.

② 상병보상연금을 받는 근로자가 60세가 되면 그 이후의 상병보상연금은 고령자의 1일당 상병보상연금 지급기준에 따라 감액된 금액을 지급한다.

③ 상병보상연금을 지급받는 경우 요양급여와 휴업급여는 지급되지 아니한다.

④ 재요양을 시작한지 1년이 지난 후에 부상·질병 상태가 상병보상연금의 지급요건 모두에 해당하는 사람에게는 상병보상연금을 지급한다.

⑤ 상병보상연금을 산정할 때 근로자의 평균임금이 최저임금액에 90분의 100을 곱한 금액보다 적을 때에는 최저임금액의 90분의 100에 해당하는 금액을 그 근로자의 평균임금으로 보아 산정한다.

해설 ① 산업재해보상보험법 제66조 제2항 관련 [별표 4]

② 근로자가 61세가 되면 그 이후의 상병보상연금은 감액된 금액을 지급한다.

③ 요양급여는 계속 지급된다.

④ 재요양을 시작한 지 2년이 지난 후에 부상·질병상태가 상병보상연금의 요건 모두에 해당하는 사람에게는 휴업급여 대신 중증요양상태등급에 따라 상병보상연금을 지급한다.

⑤ 근로자의 평균임금 < 최저임금액 × 70분의 100 → 최저임금액 × 70분의 100(= 평균임금)

23 산업재해보상보험법상 직장복귀지원금 등에 관한 것이다. (　　)에 들어갈 숫자로 옳은 것은?

> 제75조(직장복귀지원금 등) ① 〈중략〉
> ② 제1항에 따른 직장복귀지원금은 고용노동부장관이 임금수준 및 노동시장의 여건 등을 고려하여 고시하는 금액의 범위에서 사업주가 장해급여자에게 지급한 임금액으로 하되, 그 지급기간은 (ㄱ)개월 이내로 한다.
> ③ 제1항에 따른 직장적응훈련비 및 재활운동비는 고용노동부장관이 직장적응 훈련 또는 재활운동에 드는 비용을 고려하여 고시하는 금액의 범위에서 실제 드는 비용으로 하되, 그 지급기간은 (ㄴ)개월 이내로 한다.

① ㄱ : 3, ㄴ : 3　　　　　　② ㄱ : 3, ㄴ : 6

③ ㄱ : 6, ㄴ : 6　　　　　　④ ㄱ : 6, ㄴ : 12

⑤ ㄱ : 12, ㄴ : 3

해설 ⑤ 직장복귀지원금은 (12)개월 이내, 직장적응훈련비 및 재활운동비는 (3)개월 이내로 지급하는 것으로 한다.

24 국민연금법에 관한 내용으로 옳지 않은 것은?

① 급여수급전용계좌에 입금된 급여와 이에 관한 채권은 압류할 수 없다.

② 장애연금액은 장애등급 2급에 해당하는 자에 대하여는 기본연금액의 1천분의 600에 해당하는 금액에 부양가족연금액을 더한 금액으로 한다.

③ 장애등급이 2급 이상인 장애연금 수급권자가 사망하면 그 유족에게 유족연금을 지급한다.

④ 가입자 또는 가입자였던 자가 가입기간이 10년 미만이고 60세가 된 때에는 본인의 청구에 의하여 반환일시금을 지급받을 수 있다.

⑤ 장애연금 수급권자가 고의나 중대한 과실로 요양 지시에 따르지 아니하거나 정당한 사유 없이 요양 지시에 따르지 아니하여 회복을 방해한 때에는 급여의 전부 또는 일부의 지급을 정지할 수 있다.

해설 장애연금액(국민연금법 제68조 제1항)

장애등급	장애연금액 또는 일시보장금	비고
장애 1급	기본연금액 + 부양가족연금액	연금
장애 2급	기본연금액의 80% + 부양가족연금액	
장애 3급	기본연금액의 60% + 부양가족연금액	
장애 4급	기본연금액의 225%(일시보상금)	일시금

25 국민연금법상 소멸시효에 관한 내용이다. ( )에 들어갈 숫자의 합은?

> 연금보험료, 환수금, 그 밖의 이 법에 따른 징수금을 징수하거나 환수할 권리는 ( )년간, 급여(제77조 제1항 제1호에 따른 반환일시금은 제외한다)를 받거나 과오납금을 반환받을 수급권자 또는 가입자 등의 권리는 ( )년간 행사하지 아니하면 각각 소멸시효가 완성된다.

① 4

② 6

③ 8

④ 13

⑤ 15

해설 연금보험료, 환수금, 그 밖의 이 법에 따른 징수금을 징수하거나 환수할 권리는 (3)년간, 급여(제77조 제1항 제1호에 따른 반환일시금은 제외한다)를 받거나 과오납금을 반환받을 수급권자 또는 가입자 등의 권리는 (5)년간, 제77조 제1항 제1호에 따른 반환일시금을 지급받을 권리는 10년간 행사하지 아니하면 각각 소멸시효가 완성된다(국민연금법 제115조 제1항).

정답   22 ①   23 ⑤   24 ②   25 ③

26 **국민연금법령상 심사청구 및 재심사청구에 관한 내용으로 옳지 않은 것은?**

① 가입자의 자격, 기준소득월액, 연금보험료, 그 밖의 이 법에 따른 징수금과 급여에 관한 국민연금공단 또는 국민건강보험공단의 처분에 이의가 있는 자는 그 처분을 한 국민연금공단 또는 국민건강보험공단에 심사청구를 할 수 있다.

② 국민연금심사위원회 위원의 임기는 2년으로 하며, 1차례만 연임할 수 있으며, 국민연금공단의 임직원인 위원의 임기는 그 직위의 재임기간으로 한다.

③ 청구인은 결정이 있기 전까지는 언제든지 심사청구를 문서로 취하할 수 있다.

④ 심사청구에 대한 결정에 불복하는 자는 그 결정통지를 받은 날부터 90일 이내에 국민연금재심사위원회에 재심사를 청구할 수 있다.

⑤ 국민연금재심사위원회의 재심사와 재결에 관한 절차에 관하여는 「행정심판법」을 준용한다.

해설 ② 심사위원회 위원의 임기는 2년으로 하며, 2차례만 연임할 수 있다. 다만, 공단의 임직원인 위원의 임기는 그 직위의 재임기간으로 한다(국민연금법 시행령 제91조).

27 **국민연금법령상 연금보험료 등의 독촉에 관한 내용이다. (   )에 들어갈 내용은?**

> 제64조(연금보험료 등의 독촉)
> ① 국민건강보험공단은 법 제95조 제1항에 따라 사업장가입자의 연금보험료와 그에 따른 징수금의 납부를 독촉할 때에는 납부 기한이 지난 후 (ㄱ) 이내에 해당 사업장가입자의 사용자에게 독촉장을 발부하여야 한다.
> ② 국민건강보험공단은 법 제95조 제1항에 따라 지역가입자의 연금보험료와 그에 따른 징수금의 납부를 독촉할 때에는 납부 기한이 지난 후 (ㄴ) 이내에 해당 가입자에게 독촉장을 발부하여야 한다.
> ③ 국민건강보험공단은 법 제95조 제1항에 따라 제2차 납부의무자의 연금보험료, 연체금, 체납처분비의 납부를 독촉할 때에는 납부 기한이 지난 후 (ㄷ) 이내에 제2차 납부의무자에게 독촉장을 발부하여야 한다.

① ㄱ : 10일, ㄴ : 1개월, ㄷ : 10일　② ㄱ : 20일, ㄴ : 1개월, ㄷ : 20일
③ ㄱ : 20일, ㄴ : 3개월, ㄷ : 20일　④ ㄱ : 30일, ㄴ : 3개월, ㄷ : 20일
⑤ ㄱ : 30일, ㄴ : 3개월, ㄷ : 30일

해설 ③ ㄱ : 20일, ㄴ : 3개월, ㄷ : 20일

국민건강보험공단은 연금보험료와 그에 따른 징수금의 납부를 독촉할 때에는 사업장가입자에게는 납부 기한이 지난 후 (**20일**) 이내, 지역가입자에게는 납부 기한이 지난 후 (**3개월**) 이내에 독촉장을 발부하여야 하며, 제2차 납부의무자에게는 납부 기한이 지난 후 (**20일**) 이내에 독촉장을 발부하여야 한다(국민연금법 시행령 제64조).

28 국민연금법령상 국민연금기금에 관한 설명으로 옳지 않은 것은?

① 국민연금기금은 연금보험료, 국민연금기금 운용 수익금, 적립금, 국민연금공단의 수입지출 결산상의 잉여금을 재원으로 조성한다.

② 국민연금기금운용위원회는 국민연금기금을 관리기금에 위탁할 경우 예탁이자율의 협의에 관한 사항을 심의·의결할 수 있다.

③ 보건복지부장관은 다음 연도의 국민연금기금운용지침안을 작성하여 4월 말일까지 국민연금기금운용위원회에 제출하여야 하고, 국민연금기금운용위원회는 국민연금기금운용지침안을 5월 말일까지 심의·의결하여야 한다.

④ 보건복지부장관은 매년 국민연금기금 운용계획을 세워서 국민연금기금운용위원회 및 국무회의의 심의를 거쳐 대통령의 승인을 받아야 한다.

⑤ 보건복지부장관은 국민연금기금의 운용 내용과 관리기금에 예탁된 국민연금기금의 사용 내용을 다음 연도 6월 말까지 국민연금기금운용위원회에 제출하여야 한다.

해설 ⑤ 보건복지부장관은 기금의 운용 내용을, 기획재정부장관은 관리기금에 예탁된 기금의 사용 내용을 각각 다음 연도 6월 말까지 운용위원회에 제출하여야 한다(국민연금법 제107조 제3항).
① 동법 제101조 제2항
② 동법 제103조 제1항 제2호
③ 동법 시행령 제81조 제1항 및 제2항
④ 동법 제107조 제1항

정답 26 ② 27 ③ 28 ⑤

29 국민건강보험법상 국민건강보험공단은 보험료등의 납부의무자가 납부 기한까지 보험료 등을 내지 아니하는 경우에 보건복지부령으로 정하는 <u>부득이한 사유</u>로 연체금을 징수하지 아니할 수 있다. 밑줄 친 사유에 해당하는 것을 모두 고른 것은?

ㄱ. 사변으로 인하여 체납하는 경우
ㄴ. 화재로 피해가 발생해 체납한 경우
ㄷ. 사업장 폐업으로 체납액을 징수할 수 없는 경우
ㄹ. 연체금의 금액이 국민건강보험공단의 정관으로 정하는 금액 이하인 경우

---

① ㄱ, ㄴ 　　　　　　　② ㄴ, ㄷ
③ ㄱ, ㄴ, ㄹ 　　　　　④ ㄱ, ㄷ, ㄹ
⑤ ㄱ, ㄴ, ㄷ, ㄹ

해설 ⑤ ㄱ, ㄴ, ㄷ, ㄹ : 연체금 징수의 예외사유에 해당한다.

연체금 징수의 예외(국민건강보험법 시행규칙 제51조)
법 제80조 제3항에서 "보건복지부령으로 정하는 부득이한 사유"란 다음 각 호의 어느 하나에 해당하는 경우를 말한다.
1. 전쟁 또는 사변으로 인하여 체납한 경우
2. 연체금의 금액이 공단의 정관으로 정하는 금액 이하인 경우
3. 사업장 또는 사립학교의 폐업·폐쇄 또는 폐교로 체납액을 징수할 수 없는 경우
4. 화재로 피해가 발생해 체납한 경우
5. 그 밖에 보건복지부장관이 연체금을 징수하기 곤란한 부득이한 사유가 있다고 인정하는 경우

30 국민건강보험법상 국내에 거주하는 국민으로서 건강보험 가입자의 자격의 변동 시기에 관한 내용으로 옳은 것을 모두 고른 것은?

> ㄱ. 지역가입자가 적용대상사업장의 사용자로 된 다음 날
> ㄴ. 직장가입자가 다른 적용대상사업장의 근로자로 사용된 날
> ㄷ. 지역가입자가 다른 세대로 전입한 날
> ㄹ. 직장가입자인 근로자가 그 사용관계가 끝난 날의 다음 날

① ㄱ
② ㄱ, ㄴ
③ ㄴ, ㄷ
④ ㄴ, ㄷ, ㄹ
⑤ ㄱ, ㄴ, ㄷ, ㄹ

해설 ㄱ. 지역가입자가 적용대상사업장의 사용자로 된 날(그날)

자격의 변동 시기 등(국민건강보험법 제9조)
① 가입자는 다음 각 호의 어느 하나에 해당하게 된 날에 그 자격이 변동된다.
1. 지역가입자가 적용대상사업장의 사용자로 되거나, 근로자·공무원 또는 교직원(이하 "근로자등"이라 한다)으로 사용된 날
2. 직장가입자가 다른 적용대상사업장의 사용자로 되거나 근로자 등으로 사용된 날
3. 직장가입자인 근로자 등이 그 사용관계가 끝난 날의 다음 날
4. 적용대상사업장에 제7조 제2호에 따른 사유가 발생한 날의 다음 날
5. 지역가입자가 다른 세대로 전입한 날

31 국민건강보험법상 국민건강보험공단(이하 '공단'이라 한다)에 관한 설명으로 옳지 않은 것은?

① 공단은 법인으로 한다.
② 공단의 해산에 관하여는 정관으로 정한다.
③ 공단은 주된 사무소의 소재지에서 설립등기를 함으로써 성립한다.
④ 공단의 설립등기에는 목적, 명칭, 주된 사무소 및 분사무소의 소재지, 이사장의 성명·주소 및 주민등록번호를 포함하여야 한다.
⑤ 공단의 주된 사무소의 소재지는 정관으로 정한다.

해설 ② 공단의 해산에 관하여는 법률로 정한다(국민건강보험법 제19조).

정답 　29 ⑤　30 ④　31 ②

32 국민건강보험법상 이의신청 및 심판청구 등에 관한 설명으로 옳지 않은 것은?

① 보험급여 비용에 관한 국민건강보험공단의 처분에 이의가 있는 자는 국민건강보험공단에 이의신청을 할 수 있다.

② 요양급여의 적정성 평가 등에 관한 건강보험심사평가원의 처분에 이의가 있는 자는 건강보험심사평가원에 이의신청을 할 수 있다.

③ 이의신청에 대한 결정에 불복하는 자는 건강보험분쟁조정위원회에 심판청구를 할 수 있다.

④ 정당한 사유로 이의신청을 할 수 없었음을 소명한 경우가 아니면 이의신청은 처분이 있은 날부터 90일을 지나면 제기하지 못한다.

⑤ 이의신청에 대한 결정에 불복하는 자는 「행정소송법」이 정하는 바에 따라 행정소송을 제기할 수 있다.

> **해설** ④ 이의신청은 처분이 있음을 안 날부터 90일 이내에 문서(전자문서를 포함한다)로 하여야 하며 처분이 있은 날부터 180일을 지나면 제기하지 못한다. 다만, 정당한 사유로 그 기간에 이의신청을 할 수 없었음을 소명한 경우에는 그러하지 아니하다(국민건강보험법 제87조 제3항).

33 국민건강보험법령상 국내에 거주하는 국민인 피부양자의 자격상실 시기로 옳은 것을 모두 고른 것은?

> ㄱ. 대한민국의 국적을 잃은 날
> ㄴ. 사망한 날의 다음 날
> ㄷ. 직장가입자가 자격을 상실한 날
> ㄹ. 피부양자 자격을 취득한 사람이 본인의 신고에 따라 피부양자 자격상실 신고를 한 경우에는 신고한 날

① ㄱ
② ㄹ
③ ㄱ, ㄴ
④ ㄴ, ㄷ
⑤ ㄷ, ㄹ

> **해설** 피부양자 자격의 인정기준 등(국민건강보험법 시행규칙 제2조 제3항)
> 피부양자는 다음 각 호의 어느 하나에 해당하게 된 날에 그 자격을 상실한다.
> 1. 사망한 날의 다음 날
> 2. 대한민국의 국적을 잃은 날의 다음 날
> 3. 국내에 거주하지 아니하게 된 날의 다음 날
> 4. 직장가입자가 자격을 상실한 날

5. 법 제5조 제1항 제1호에 따른 수급권자가 된 날

6. 법 제5조 제1항 제2호에 따른 유공자 등 의료보호대상자인 피부양자가 공단에 건강보험의 적용배제 신청을 한 날의 다음 날

7. 직장가입자 또는 다른 직장가입자의 피부양자 자격을 취득한 경우에는 그 자격을 취득한 날

8. 피부양자 자격을 취득한 사람이 본인의 신고에 따라 피부양자 자격 상실 신고를 한 경우에는 신고한 날의 다음 날

9. 제1항에 따른 요건을 충족하지 아니하는 경우에는 공단이 그 요건을 충족하지 아니한다고 확인한 날의 다음 날

10. 제9호에도 불구하고 「국민건강보험법 시행령」(이하 "영"이라 한다) 제41조의2 제3항에 따라 영 제41조 제1항 제3호 및 제4호의 소득(이하 "사업소득등"이라 한다)의 발생 사실과 그 금액을 신고하여 공단이 제1항 제2호에 따른 소득요건을 충족하지 않는다고 확인한 경우에는 그 사업소득 등이 발생한 날이 속하는 달의 다음 달 말일

11. 제9호에도 불구하고 영 제41조의2 제3항에 따라 사업소득 등의 발생 사실과 그 금액을 신고하지 않았으나 공단이 제1항 제2호에 따른 소득요건을 충족하지 않음을 확인한 경우에는 그 사업소득 등이 발생한 날이 속하는 달의 말일

12. 제9호부터 제11호까지의 규정에도 불구하고 거짓이나 그 밖의 부정한 방법으로 영 제41조의2 제1항에 따른 소득월액의 조정 신청 또는 이 규칙에 따른 피부양자 자격 취득 신고를 하여 피부양자 자격을 취득한 것을 공단이 확인한 경우에는 그 자격을 취득한 날

34 국민건강보험법령상 보수월액에 관한 설명으로 옳지 않은 것은?

① 보수의 전부 또는 일부가 현물(現物)로 지급되는 경우에는 그 지역의 시가(時價)를 기준으로 국민건강보험공단이 정하는 가액(價額)을 그에 해당하는 보수로 본다.

② 직장가입자의 보수월액은 직장가입자가 지급받는 보수를 기준으로 하여 산정한다.

③ 도급(都給)으로 보수가 정해지는 경우에 직장가입자의 자격을 취득하거나 자격이 변동된 달의 전 1개월 동안에 그 사업장에서 해당 직장가입자와 같은 업무에 종사하고 같은 보수를 받는 사람의 보수액을 평균한 금액을 해당 직장가입자의 보수월액으로 결정한다.

④ 보수는 근로자 등이 근로를 제공하고 사용자·국가 또는 지방자치단체로부터 지급받는 금품(실비변상적인 성격을 갖는 금품은 제외한다)으로서 이 경우 보수 관련 자료가 없거나 불명확한 경우 보건복지부장관이 정하여 고시하는 금액을 보수로 본다.

⑤ 휴직이나 그 밖의 사유로 보수의 전부 또는 일부가 지급되지 아니하는 가입자의 보수월액보험료는 해당 사유가 생긴 달의 보수월액을 기준으로 산정한다.

해설 ⑤ 휴직이나 그 밖의 사유로 보수의 전부 또는 일부가 지급되지 아니하는 가입자(이하 "휴직자등"이라 한다)의 보수월액보험료는 해당 사유가 생기기 전 달의 보수월액을 기준으로 산정한다(국민건강보험법 제70조 제2항).

정답 32 ④ 33 ④ 34 ⑤

35 고용보험 및 산업재해보상보험의 보험료징수 등에 관한 법률 제49조의2(자영업자에 대한 특례)에 관한 설명으로 옳은 것은?

① 자영업자에 대한 고용보험료 산정의 기초가 되는 보수액은 자영업자의 소득, 보수수준 등을 고려하여 기획재정부장관이 정하여 고시한다.

② 고용보험에 가입한 자영업자는 매월 부과된 보험료를 다음 달 14일까지 납부하여야 한다.

③ 자영업자의 고용보험료는 근로복지공단이 매월 부과하고 징수한다.

④ 고용보험에 가입한 자영업자가 자신에게 부과된 월(月)의 고용보험료를 계속하여 3개월 간 납부하지 아니한 경우에는 마지막으로 납부한 고용보험료에 해당되는 피보험기간의 다음 날에 보험관계가 소멸된다.

⑤ 근로복지공단의 승인을 통해 고용보험에 가입한 자영업자가 50명 이상의 근로자를 사용하게 된 경우에도 본인이 피보험자격을 유지하려는 경우에는 계속하여 보험에 가입된 것으로 본다.

> **해설** ① 자영업자에 대한 고용보험료 산정의 기초가 되는 보수액은 자영업자의 소득, 보수수준 등을 고려하여 고용노동부장관이 정하여 고시한다(제3항).
> ② 고용보험에 가입한 자영업자는 매월 부과된 보험료를 다음 달 10일까지 납부하여야 한다(제9항).
> ③ 자영업자의 고용보험료는 근로복지공단이 매월 부과하고, 국민건강보험공단이 징수한다(제8항).
> ④ 고용보험에 가입한 자영업자가 자신에게 부과된 월(月)의 고용보험료를 계속하여 6개월간 납부하지 아니한 경우에는 마지막으로 납부한 고용보험료에 해당되는 피보험기간의 다음 날에 보험관계가 소멸된다(제10항).

36 고용보험 및 산업재해보상보험의 보험료징수 등에 관한 법령상 보험료 등에 관한 설명으로 옳지 않은 것을 모두 고른 것은?

> ㄱ. 고용보험 가입자인 근로자가 부담하여야 하는 고용보험료는 자기의 보수총액에 고용안정·직업능력개발사업 및 실업급여의 보험료율의 2분의 1을 곱한 금액으로 한다.
> ㄴ. 보험료는 국민건강보험공단이 매월 부과하고, 이를 근로복지공단이 징수한다.
> ㄷ. 보험사업에 드는 비용에 충당하기 위하여 보험가입자인 근로자와 사용자로부터 산업재해보상보험의 보험료를 징수한다.
> ㄹ. 기획재정부장관은 산재예방요율을 적용받는 사업이 거짓이나 그 밖의 부정한 방법으로 재해예방활동의 인정을 받은 경우에는 재해예방활동의 인정을 취소하여야 한다.

① ㄱ, ㄴ, ㄷ   ② ㄱ, ㄴ, ㄹ
③ ㄱ, ㄷ, ㄹ   ④ ㄴ, ㄷ, ㄹ
⑤ ㄱ, ㄴ, ㄷ, ㄹ

해설 ㄱ. 고용보험 가입자인 근로자가 부담하여야 하는 고용보험료는 자기의 보수총액에 실업급여의 보험료율의 2분의 1을 곱한 금액으로 한다(고용산재보험료징수법 제13조 제2항).

ㄴ. 보험료는 국민건강보험공단이 매월 부과하고, 이를 국민건강보험공단이 징수한다(동법 제16조의2 제1항).

ㄷ. 보험사업에 드는 비용에 충당하기 위하여 보험가입자인 사용자로부터 산업재해보상보험의 보험료를 징수한다(동법 제13조 제1항 제2호).

ㄹ. 고용노동부장관은 산재예방요율을 적용받는 사업이 거짓이나 그 밖의 부정한 방법으로 재해예방활동의 인정을 받은 경우에는 재해예방활동의 인정을 취소하여야 한다(동법 제15조 제8항 제1호).

37

고용보험 및 산업재해보상보험의 보험료징수 등에 관한 법률상 납부의무가 확정된 보험료가 600만원인 경우, 이를 납부기한 전이라도 징수할 수 있는 사유에 해당하지 않는 것은?

① 법인이 합병한 경우
② 공과금을 체납하여 체납처분을 받은 경우
③ 강제집행을 받은 경우
④ 법인이 해산한 경우
⑤ 「어음법」 및 「수표법」에 따른 어음교환소에서 거래정지처분을 받은 경우

해설 ① 법인이 합병한 경우는 해당하지 않는다.

납부기한 전 징수(고용산재보험료징수법 제27조의2 제1항)

① 공단 또는 건강보험공단은 사업주에게 다음 각 호의 어느 하나에 해당하는 사유가 있는 경우에는 납부기한 전이라도 이미 납부의무가 확정된 보험료, 이 법에 따른 그 밖의 징수금을 징수할 수 있다. 다만, 보험료와 이 법에 따른 그 밖의 징수금의 총액이 500만원 미만인 경우에는 그러하지 아니하다.

1. 국세를 체납하여 체납처분을 받은 경우
2. 지방세 또는 공과금을 체납하여 체납처분을 받은 경우
3. 강제집행을 받은 경우
4. 「어음법」 및 「수표법」에 따른 어음교환소에서 거래정지처분을 받은 경우
5. 경매가 개시된 경우
6. 법인이 해산한 경우

---

38 고용보험 및 산업재해보상보험의 보험료징수 등에 관한 법령상 보험료율의 인상 또는 인하 등에 따른 조치에 관한 설명으로 옳지 않은 것은?

① 근로복지공단은 보험료율 인하로 보험료를 감액 조정한 경우에는 보험료율의 인하를 결정한 날부터 20일 이내에 그 감액 조정 사실을 사업주에게 알려야 한다.

② 보험료율 인상으로 월별보험료가 증액된 때에는 국민건강보험공단이 징수한다.

③ 보험료율 인상으로 증액 조정된 보험료의 추가 납부를 통지받은 사업주는 납부기한까지 증액된 보험료를 내야 한다. 다만, 근로복지공단 또는 국민건강보험공단은 정당한 사유가 있다고 인정되는 경우에는 30일의 범위에서 그 납부기한을 한 번 연장할 수 있다.

④ 근로복지공단은 사업주가 보험연도 중에 사업의 규모를 축소하여 실제의 개산보험료 총액이 이미 신고한 개산보험료 총액보다 100분의 20 이상으로 감소하게 된 경우에는 그 초과액을 감액해야 한다.

⑤ 보험료율 인상으로 개산보험료가 증액된 때에는 근로복지공단이 징수한다.

> **해설** ④ 공단은 사업주가 보험연도 중에 사업의 규모를 축소하여 실제의 개산보험료 총액이 이미 신고한 개산보험료 총액보다 대통령령으로 정하는 기준(100분의 30) 이상으로 감소하게 된 경우에는 사업주의 신청을 받아 그 초과액을 감액할 수 있다(고용산재보험료징수법 제18조 제2항).
> ① 동법 시행령 제24조 제1항
> ② 동법 제18조 제1항
> ③ 동법 시행령 제24조 제4항
> ⑤ 동법 제18조 제1항

39 고용보험 및 산업재해보상보험의 보험료징수 등에 관한 법령상 거짓으로 보험사무대행기관 인가를 받아 근로복지공단으로부터 인가가 취소된 경우 보험사무대행기관 인가의 제한 기간은?

① 3개월　　　　　　　　② 6개월

③ 1년　　　　　　　　　④ 3년

⑤ 5년

> **해설** ③ 보험사무 업무가 전부 폐지되거나 인가가 취소된 보험사무대행기관은 폐지신고일 또는 인가취소일부터 1년의 범위에서 대통령령으로 정하는 기간 동안은 보험사무대행기관으로 다시 인가받을 수 없다(고용산재보험료징수법 제33조 제6항).

40 고용보험 및 산업재해보상보험의 보험료징수 등에 관한 법령상 고용안정·직업능력개발사업의 보험료율에 관한 내용이다. 다음 중 연결이 옳은 것은?

> ㄱ. 상시근로자수가 120명인 사업주의 사업
> ㄴ. 상시근로자수가 1,000명인 사업주의 사업
> ㄷ. 국가·지방자치단체가 직접 하는 사업

> a. 1만분의 18　　　b. 1만분의 25　　　c. 1만분의 65
> d. 1만분의 85　　　e. 1천분의 18

① ㄱ - a, ㄴ - c　　　　　　② ㄱ - b, ㄷ - d
③ ㄱ - c, ㄴ - e　　　　　　④ ㄴ - d, ㄷ - a
⑤ ㄴ - e, ㄷ - b

해설 고용안정·직업능력개발사업의 보험료율(고용산재보험료징수법 시행령 제12조 제1항 제1호)

사업규모		보험료율
우선지원대상기업	상시근로자수 150인 미만 사업주의 사업	1만분의 25
	상시근로자수 150인 이상 사업주의 사업	1만분의 45
우선지원대상기업 ✕	상시근로자수 150인 이상 1,000인 미만 사업주의 사업	1만분의 65
	상시근로자수 1,000인 이상 사업주의 사업 및 국가·지방자치단체가 직접 행하는 사업	1만분의 85

01 사회보장기본법에 관한 설명으로 옳은 것은?

① 국가와 지방자치단체는 모든 국민의 인간다운 생활과 자립, 사회참여, 자아실현 등을 지원하여 삶의 질이 향상될 수 있도록 사회서비스에 관한 시책을 마련하여야 한다.

② 보건복지부 장관은 제공받은 사회보장 행정데이터의 원활한 분석, 활용 등을 위하여 사회보장 행정데이터 분석센터를 설치·운영하여야 한다.

③ 부담 능력이 있는 국민에 대한 사회서비스에 드는 비용은 국가가 부담함을 원칙으로 한다.

④ 사회보장수급권을 포기하는 것이 다른 사람에게 피해를 주는 경우에는 사회보장수급권을 포기할 수 있다.

⑤ 보건복지부장관은 재정추계의 결과를 사회보장위원회의 심의를 거쳐 같은 해 9월 30일까지 관계 중앙행정기관의 장에게 통보하여야 한다.

해설 ① 국가와 지방자치단체는 모든 국민의 인간다운 생활과 자립, 사회참여, 자아실현 등을 지원하여 삶의 질이 향상될 수 있도록 사회서비스에 관한 시책을 마련하여야 한다(사회보장기본법 제23조 제1항).

② 보건복지부장관은 제42조에 따라 제공받은 사회보장 행정데이터의 원활한 분석, 활용 등을 위하여 사회보장 행정데이터 분석센터를 설치·운영**할 수 있다**(사회보장기본법 제43조 제1항).

③ 부담 능력이 있는 국민에 대한 사회서비스에 드는 비용은 그 **수익자가 부담함을 원칙**으로 하되, 관계 법령에서 정하는 바에 따라 국가와 지방자치단체가 그 비용의 일부를 부담할 수 있다(사회보장기본법 제28조 제4항).

④ 사회보장수급권을 포기하는 것이 다른 사람에게 피해를 주거나 사회보장에 관한 관계 법령에 위반되는 경우에는 사회보장수급권을 **포기할 수 없다**(사회보장기본법 제14조 제3항).

⑤ 보건복지부장관은 법 제30조의3 제1항에 따른 중장기 사회보장 재정추계를 제1항의 재정추계 세부지침에 따라 해당 연도의 10월 31일까지 실시하되, 「국민연금법」 제4조 제2항에 따른 국민연금의 재정전망 또는 「국가재정법」 제7조 제4항에 따른 장기 재정전망의 실시 시기와 연계해야 한다. 보건복지부장관은 제2항에 따라 실시한 재정추계 결과를 위원회의 심의를 거친 후 1개월 이내에 관계 중앙행정기관의 장에게 통보하고, 그 내용을 홈페이지 게재 등의 방법으로 공표해야 한다(사회보장기본법 시행령 제16조의3 제2항 및 제3항).

02 사회보장기본법상 사회보장위원회에서 심의·조정하는 사항은 모두 몇 개인가?

- 사회보장 관련 주요 계획
- 둘 이상의 중앙행정기관이 관련된 주요 사회보장정책
- 사회보장급여 및 비용 부담
- 국가와 지방자치단체의 역할 및 비용 분담
- 사회보장 전달체계 운영 및 개선

① 1개 ② 2개
③ 3개 ④ 4개
⑤ 5개

해설 위원회는 다음 각 호의 사항을 심의·조정한다(사회보장기본법 제20조 제2항).
1. 사회보장 증진을 위한 기본계획
2. **사회보장 관련 주요 계획**
3. 사회보장제도의 평가 및 개선
4. 사회보장제도의 신설 또는 변경에 따른 우선순위
5. **둘 이상의 중앙행정기관이 관련된 주요 사회보장정책**
6. **사회보장급여 및 비용 부담**
7. **국가와 지방자치단체의 역할 및 비용 분담**
8. 사회보장의 재정추계 및 재원조달 방안
9. **사회보장 전달체계 운영 및 개선**
10. 제32조 제1항에 따른 사회보장통계
11. 사회보장정보의 보호 및 관리
12. 제26조 제4항에 따른 조정
13. 그 밖에 위원장이 심의에 부치는 사항

정답 01 ① 02 ⑤

03 사회보장기본법에 관한 설명으로 옳은 것은?

① 사회보장수급권은 정당한 권한이 있는 기관에 서면이나 구두로 포기할 수 있다.

② 고용노동부장관은 관계 중앙행정기관의 장과 협의하여 사회보장에 관한 기본계획을 5년마다 수립하여야 한다.

③ 국가와 지방자치단체는 효과적인 사회보장정책의 수립·시행을 위하여 사회보장에 관한 통계를 작성·관리할 수 있다.

④ 국가는 사회보장제도의 안정적인 운영을 위하여 중장기 사회보장 재정추계를 매년 실시하고 이를 공표하여야 한다.

⑤ 국가와 지방자치단체는 평생사회안전망을 구축·운영함에 있어 사회적 취약계층을 위한 공공부조를 마련하여 최저생활을 보장하여야 한다.

해설 ⑤ 국가와 지방자치단체는 평생사회안전망을 구축·운영함에 있어 사회적 취약계층을 위한 공공부조를 마련하여 최저생활을 보장하여야 한다(사회보장기본법 제22조 제2항).

① 사회보장수급권은 정당한 권한이 있는 기관에 **서면으로** 통지하여 포기할 수 있다(사회보장기본법 제14조 제1항).

② **보건복지부장관**은 관계 중앙행정기관의 장과 협의하여 사회보장에 관한 기본계획을 5년마다 수립하여야 한다(사회보장기본법 제16조 제1항).

③ 국가와 지방자치단체는 효과적인 사회보장정책의 수립·시행을 위하여 사회보장에 관한 통계를 작성·관리**하여야 한다**(사회보장기본법 제32조 제1항).

④ 보건복지부장관은 사회보장제도의 안정적인 운영을 위하여 중장기 사회보장 재정추계를 적어도 3년마다 실시하고 이를 공표하여야 한다(사회보장기본법 제30조의3 제1항).

04 고용보험법령상 구직급여에 관한 설명으로 옳지 않은 것은?

① 마지막 이직 당시 일용근로자로서 피보험 단위기간이 1개월 미만인 사람이 수급자격을 갖추지 못한 경우에는 일용근로자가 아닌 근로자로서 마지막으로 이직한 사업을 기준으로 수급자격의 인정 여부를 결정한다.

② 구직급여는 수급자격자가 실업한 상태에 있는 날 중에서 직업안정기관의 장으로부터 실업의 인정을 받은 날에 대하여 지급한다.

③ 수급자격자가 사망한 경우 그 수급자격자에게 지급되어야 할 구직급여로서 아직 지급되지 않은 구직급여의 지급을 청구하려는 사람은 미지급 실업급여 청구서를 사망한 수급자격자의 신청지 관할 직업안정기관의 장에게 제출해야 한다.

④ 구직급여는 이 법에 따로 규정이 있는 경우 외에는 그 구직급여의 수급자격과 관련된 이직일부터 계산하기 시작하여 12개월 내에 하나의 수급자격에 따라 구직급여를 지급받을 수 있는 날을 한도로 하여 지급한다.

⑤ 수급자격자가 질병이나 부상으로 직업안정기관에 출석할 수 없었던 경우로서 그 기간이 계속하여 7일 미만인 경우에 해당하면 직업안정기관에 출석할 수 없었던 사유를 적은 증명서를 제출하여 실업의 인정을 받을 수 있다.

해설 ④ 구직급여는 이 법에 따로 규정이 있는 경우 외에는 그 구직급여의 수급자격과 관련된 <u>이직일의 다음 날</u>부터 계산하기 시작하여 12개월 내에 제50조 제1항에 따른 소정급여일수를 한도로 하여 지급한다(고용보험법 제48조 제1항).

05 고용보험법상 고용유지지원금에 관한 내용이다. (   )에 들어갈 내용은?

> 고용노동부장관이 실업의 급증 등 고용사정이 악화되어 고용안정을 위하여 필요하다고 인정할 때에는 (ㄱ)년의 범위에서 고용노동부장관이 정하여 고시하는 기간에 사업주가 피보험자의 임금을 보전하기 위하여 지급한 금품의 (ㄴ)로서 고용노동부장관이 정하여 고시하는 비율에 해당하는 금액으로 한다.

① ㄱ : 1, ㄴ : 3분의 2 이상 10분의 7 이하
② ㄱ : 1, ㄴ : 4분의 3 이상 10분의 9 이하
③ ㄱ : 2, ㄴ : 3분의 2 이상 10분의 7 이하
④ ㄱ : 2, ㄴ : 4분의 3 이상 10분의 9 이하
⑤ ㄱ : 3, ㄴ : 3분의 2 이상 10분의 9 이하

해설 ② 고용노동부장관이 실업의 급증 등 고용사정이 악화되어 고용안정을 위하여 필요하다고 인정할 때에는 (1)년의 범위에서 고용노동부장관이 정하여 고시하는 기간에 사업주가 피보험자의 임금을 보전하기 위하여 지급한 금품의 (4분의 3 이상 10분의 9 이하)로서 고용노동부장관이 정하여 고시하는 비율에 해당하는 금액으로 한다(고용보험법 시행령 제21조 제1항 단서).

06 고용보험법령상 예술인인 피보험자가 임신 13주차에 유산을 한 경우 출산전후급여 등의 지급기간은?

① 5일
② 10일
③ 15일
④ 20일
⑤ 30일

해설 예술인의 출산전후급여 등(고용보험법 제77조의4)
① 고용노동부장관은 **예술인**인 피보험자 또는 피보험자였던 사람이 출산 또는 **유산**·사산을 이유로 노무를 제공할 수 없는 경우에는 **출산전후급여** 등(이하 "출산전후급여등"이라 한다)을 지급한다.
② 제1항에 따른 출산전후급여 등의 지급요건, 지급수준 및 지급기간 등은 **대통령령**으로 정하는 바에 따른다.

예술인의 출산전후급여 등의 지급요건(고용보험법 시행령 제104조의9)
② 출산전후급여 등의 지급기간은 다음 각 호의 구분에 따른다.
　2. **예술인인 피보험자 또는 피보험자였던 사람이 유산** 또는 사산한 경우 : 다음 각 목에 해당하는 기간
　　가. 임신기간이 **15주** 이내인 경우 : 유산 또는 사산한 날부터 **10일**

07 고용보험법령상 고용보험위원회(이하 '위원회'라 한다)에 관한 설명으로 옳지 않은 것은?

① 위촉위원 중 정부를 대표하는 사람의 임기는 2년으로 한다.

② 위촉위원 중 보궐위원회의 임기는 전임자의 임기의 남은 기간으로 한다.

③ 위원회의 위원장이 부득이한 사유로 직무를 수행할 수 없을 때에는 위원장이 미리 지명하는 위원이 그 직무를 대행한다.

④ 위원회의 회의는 재적위원 과반수의 출석으로 개의하고 출석위원 과반수의 찬성으로 의결한다.

⑤ 위원회에 고용보험운영전문위원회와 고용보험평가전문위원회를 둔다.

> **해설** <u>법 제7조 제4항 제1호부터 제3호까지</u>의 규정에 따른 위촉위원(이하 "위촉위원"이라 한다)의 <u>임기는 2년</u>으로 한다. 다만, 보궐위원의 임기는 전임자 임기의 남은 기간으로 한다(고용보험법 시행령 제1조의4 제1항).
> 위원회의 위원장은 고용노동부차관이 되고, 위원은 다음 각 호의 사람 중에서 각각 같은 수로 고용노동부장관이 임명하거나 위촉하는 사람이 된다(고용보험법 제7조 제4항).
> 1. 근로자를 대표하는 사람
> 2. 사용자를 대표하는 사람
> 3. 공익을 대표하는 사람
> 4. <u>정부를 대표하는 사람</u>

08 고용보험법령상 고용보험심사관(이하 '심사관'이라 한다)에 관한 설명으로 옳지 않은 것은?

① 실업급여에 관한 처분에 이의가 있는 자는 심사관에게 심사를 청구할 수 있다.

② 심사관은 심사청구를 받으면 30일 이내에 그 심사청구에 대한 결정을 하여야 한다. 다만, 부득이한 사정으로 그 기간에 결정할 수 없을 때에는 한 차례만 10일을 넘지 아니하는 범위에서 그 기간을 연장할 수 있다.

③ 심사관은 심사의 청구에 대한 심리를 위하여 필요하다고 인정하면 심사청구인의 신청 또는 직권으로 심사청구인 또는 관계인을 지정 장소에 출석하게 하여 질문하거나 의견을 진술하게 할 수 있다.

④ 당사자는 심사관에게 심리·결정의 공정을 기대하기 어려운 사정이 있으면 그 심사관에 대한 기피신청을 고용노동부장관에게 할 수 있다.

⑤ 직업안정기관 또는 근로복지공단은 심사청구서를 받은 날부터 14일 이내에 의견서를 첨부하여 심사청구서를 심사관에게 보내야 한다.

> **해설** ⑤ 직업안정기관 또는 근로복지공단은 심사청구서를 받은 날부터 <u>5일 이내</u>에 의견서를 첨부하여 심사청구서를 심사관에게 보내야 한다(고용보험법 제90조 제2항).

정답   05 ②   06 ②   07 ①   08 ⑤

09 고용보험법령상 폐업한 자영업자인 피보험자에 관한 설명으로 옳지 않은 것은?

① 법령을 위반하여 영업 정지를 받아 폐업한 경우라도 직업안정기관의 장이 인정하는 경우에는 수급자격이 있는 것으로 본다.

② 자영업자인 피보험자 본인의 중대한 귀책사유로서 본인의 사업과 관련하여 특정경제범죄 가중처벌 등에 관한 법률 제3조에 따라 징역형을 선고받고 폐업한 경우에 해당한다고 직업안정기관의 장이 인정하는 경우에는 수급자격이 없는 것으로 본다.

③ 자영업자인 피보험자로서 폐업한 수급자격자에 대한 소정급여일수는 대기기간이 끝난 다음 날부터 계산하기 시작하여 피보험기간이 5년 이상 10년 미만이면 180일까지로 한다.

④ 자영업자인 피보험자의 피보험기간은 그 수급자격과 관련된 폐업 당시의 적용 사업에의 보험가입기간 중에서 실제로 납부한 고용보험료에 해당하는 기간으로 한다.

⑤ 자영업자인 피보험자로서 폐업한 수급자격자에 대한 구직급여일액은 그 수급자격자의 기초일액에 100분의 60을 곱한 금액으로 한다.

해설 ① 제69조의3에도 불구하고 폐업한 자영업자인 피보험자가 다음 각 호의 어느 하나에 해당한다고 직업안정기관의 장이 인정하는 경우에는 **수급자격이 없는 것으로** 본다(고용보험법 제69조의7).

1. **법령을 위반하여** 허가 취소를 받거나 **영업 정지를 받음에 따라 폐업한 경우**
2. 방화 등 피보험자 본인의 중대한 귀책사유로서 고용노동부령으로 정하는 사유로 폐업한 경우
3. 매출액 등이 급격하게 감소하는 등 고용노동부령으로 정하는 사유가 아닌 경우로서 전직 또는 자영업을 다시 하기 위하여 폐업한 경우
4. 그 밖에 고용노동부령으로 정하는 정당한 사유에 해당하지 아니하는 사유로 폐업한 경우

10 고용보험법령상 고용노동부장관이 고용환경 개선, 근무형태 변경 등으로 고용의 기회를 확대한 사업주에게 임금의 일부를 지원할 수 있는 경우가 아닌 것은?

① 직무의 분할 등을 통하여 실업자를 근로계약기간을 정하지 않고 시간제로 근무하는 형태로 하여 새로 고용하는 경우

② 고용보험위원회에서 심의·의결한 국내복귀기업 또는 지역특화산업 등 고용지원이 필요한 업종에 해당하는 기업이 실업자를 고용하는 경우

③ 고용보험위원회에서 심의·의결한 업종에 해당하는 우선지원대상기업이 고용노동부장관이 정하는 전문적인 자격을 갖춘 자를 고용하는 경우

④ 임금을 감액하는 제도 또는 그 밖의 임금체계 개편 등을 통하여 18세 이상 35세 이하의 청년실업자를 고용하는 경우

⑤ 고용노동부장관이 고용상 연령차별 금지 및 고령자고용촉진에 관한 법률에 따른 고령자가 근무하기에 적합한 것으로 인정하는 직무에 고령자를 새로 고용하는 경우

해설 고용노동부장관은 고용환경 개선, 근무형태 변경 등으로 고용의 기회를 확대한 사업주에게 대통령령으로 정하는 바에 따라 필요한 지원을 할 수 있다(고용보험법 제20조).

고용노동부장관은 법 제20조에 따라 다음 각 호의 어느 하나에 해당하는 사업주에게 임금의 일부를 지원할 수 있다(고용보험법 시행령 제17조 제1항).

1. 근로시간 단축, 교대근로 개편, 정기적인 교육훈련 또는 안식휴가 부여 등(이하 "일자리 함께하기"라 한다)을 통하여 실업자를 고용함으로써 근로자 수가 증가한 경우
2. 고용노동부장관이 정하는 시설을 설치·운영하여 고용환경을 개선하고 실업자를 고용하여 근로자 수가 증가한 경우
3. 직무의 분할, 근무체계 개편 또는 시간제직무 개발 등을 통하여 실업자를 근로계약기간을 정하지 않고 시간제로 근무하는 형태로 하여 새로 고용하는 경우
4. 위원회에서 심의·의결한 성장유망업종, 인력수급 불일치 업종, 국내복귀기업 또는 지역특화산업 등 고용지원이 필요한 업종에 해당하는 기업이 실업자를 고용하는 경우
5. 위원회에서 심의·의결한 업종에 해당하는 우선지원대상기업이 고용노동부장관이 정하는 전문적인 자격을 갖춘 자(이하 "전문인력"이라 한다)를 고용하는 경우
6. 제28조에 따른 임금피크제, 제28조의2에 따른 임금을 감액하는 제도 또는 그 밖의 임금체계 개편 등을 통하여 15세 이상 34세 이하의 청년 실업자를 고용하는 경우
7. 고용노동부장관이 고용상 연령차별 금지 및 고령자고용촉진에 관한 법률 제2조 제1호 또는 제2호에 따른 고령자 또는 준고령자가 근무하기에 적합한 것으로 인정하는 직무에 고령자 또는 준고령자를 새로 고용하는 경우

정답 ▶ **09** ① **10** ④

11 산업재해보상보험법상 진폐에 따른 보험급여 종류를 모두 고른 것은?

> ㄱ. 장례비   ㄴ. 휴업급여   ㄷ. 직업재활급여
> ㄹ. 간병급여   ㅁ. 유족급여

① ㄱ, ㄹ
② ㄱ, ㄴ, ㅁ
③ ㄱ, ㄷ, ㄹ
④ ㄴ, ㄷ, ㄹ, ㅁ
⑤ ㄱ, ㄴ, ㄷ, ㄹ, ㅁ

[해설] 보험급여의 종류는 다음 각 호와 같다. 다만, **진폐에 따른 보험급여의 종류**는 제1호의 요양급여, 제4호의 **간병급여**, 제7호의 **장례비**, 제8호의 **직업재활급여**, 제91조의3에 따른 진폐보상연금 및 제91조의4에 따른 진폐유족연금으로 하고, 제91조의12에 따른 건강손상자녀에 대한 보험급여의 종류는 제1호의 요양급여, 제3호의 장해급여, 제4호의 간병급여, 제7호의 장례비, 제8호의 직업재활급여로 한다(산업재해보상보험법 제36조 제1항).

1. 요양급여
2. 휴업급여
3. 장해급여
4. 간병급여
5. 유족급여
6. 상병(傷病)보상연금
7. 장례비
8. 직업재활급여

12 산업재해보상보험법상 심사청구 및 재심사 청구에 관한 설명으로 옳지 않은 것은?

① 재심사위원회의 재결은 근로복지공단을 기속한다.
② 재심사위원회 위원(당연직위원은 제외한다)의 임기는 3년으로 하되 연임할 수 있고, 위원장이나 위원의 임기가 끝난 경우 그 후임자가 임명될 때까지 그 직무를 수행한다.
③ 보험급여 결정 등에 대하여는 행정심판법에 따른 행정심판을 제기할 수 없다.
④ 재심사위원회의 위원장 및 위원은 고용노동부장관이 임명한다.
⑤ 재심사청구의 제기는 시효의 중단에 관하여 민법 제168조에 따른 재판상의 청구로 본다.

[해설] ④ 재심사위원회의 위원장 및 위원은 다음 각 호의 어느 하나에 해당하는 사람 중에서 고용노동부장관의 제청으로 **대통령이 임명**한다. 다만, 당연직위원은 고용노동부장관이 소속 3급의 일반직 공무원 또는 고위공무원단에 속하는 일반직 공무원 중에서 지명하는 사람으로 한다(산업재해보상보험법 제107조 제5항).

1. 3급 이상의 공무원 또는 고위공무원단에 속하는 일반직 공무원으로 재직하고 있거나 재직하였던 사람
2. 판사·검사·변호사 또는 경력 10년 이상의 공인노무사
3. 「고등교육법」 제2조에 따른 학교에서 부교수 이상으로 재직하고 있거나 재직하였던 사람
4. 노동 관계 업무 또는 산업재해보상보험 관련 업무에 15년 이상 종사한 사람
5. 사회보험이나 산업의학에 관한 학식과 경험이 풍부한 사람

13 산업재해보상보험법상 과태료 부과 대상이 되는 자를 모두 고른 것은?

> ㄱ. 근로복지공단이 아닌 자가 근로복지공단과 비슷한 명칭을 사용한 자
> ㄴ. 근로자가 보험급여를 신청한 것을 이유로 근로자를 해고한 사업주
> ㄷ. 특수형태근로종사자로부터 노무를 제공받지 아니하게 된 경우에 이를 대통령령으로
>   정하는 바에 따라 근로복지공단에 신고를 하지 아니한 사업주

① ㄱ　　　　　　　　　　　　　　② ㄴ
③ ㄱ, ㄷ　　　　　　　　　　　　④ ㄴ, ㄷ
⑤ ㄱ, ㄴ, ㄷ

해설 ㄱ. 다음 각 호의 어느 하나에 해당하는 자에게는 200만원 이하의 **과태료**를 부과한다(산업재해보상
보험법 제129조 제2항).
　　1. 제34조(유사명칭의 사용 금지)를 위반하여 근로복지공단 또는 이와 **비슷한 명칭을 사용한 자**
　　공단이 아닌 자는 근로복지공단 또는 이와 비슷한 명칭을 사용하지 못한다(산업재해보상보험법
　　제34조).
ㄴ. 제111조의2(불이익 처우의 금지)를 위반하여 근로자를 해고하거나 그 밖에 근로자에게 불이익
한 처우를 한 사업주는 **2년 이하의 징역 또는 2천만원 이하의 벌금**에 처한다(산업재해보상보험
법 제127조 제3항). 사업주는 **근로자가 보험급여를 신청한 것을 이유로 근로자를 해고**하거나
그 밖에 근로자에게 불이익한 처우를 하여서는 아니 된다(산업재해보상보험법 제111조의2).

14 산업재해보상보험법상 유족급여에 관한 설명으로 옳지 않은 것을 모두 고른 것은?

> ㄱ. 유족보상연금액은 기본금액과 가산금액을 곱한 금액으로 한다.
> ㄴ. 유족보상연금액상 급여기초연액은 평균임금에 365를 곱하여 얻은 금액이다.
> ㄷ. 유족보상연금액상 기본금액은 급여기초연액의 100분의 45에 상당하는 금액이다.
> ㄹ. 유족보상연금액상 가산금액의 합산금액이 급여기초연액의 100분의 20을 넘을 때에
>   는 급여기초연액의 100분의 20에 상당하는 금액으로 한다.

① ㄱ, ㄴ　　　　　　　　　　② ㄱ, ㄷ
③ ㄴ, ㄷ　　　　　　　　　　④ ㄴ, ㄹ
⑤ ㄷ, ㄹ

해설 유족급여(산업재해보상보험법 제62조 제2항 관련 [별표 3])
유족보상연금액은 다음의 기본금액과 가산금액을 **합한 금액**으로 한다.
1. 기본금액 − 급여기초연액(평균임금에 365를 곱하여 얻은 금액)의 **100분의 47**에 상당하는 금액
2. 가산금액 − 유족보상연금수급권자 및 근로자가 사망할 당시 그 근로자와 생계를 같이 하고 있던
   유족보상연금수급자격자 1인당 급여기초연액의 100분의 5에 상당하는 금액의 합산액. 다만, 그
   합산금액이 급여기초연액의 100분의 20을 넘을 때에는 급여기초연액의 100분의 20에 상당하는
   금액으로 한다.

15 산업재해보상보험법령상 업무상 사고에 해당하지 않는 것은?

① 근로자가 근로계약에 따른 업무수행 행위를 하던 중 발생한 사고
② 업무를 준비하는 행위를 하던 중 발생한 사고
③ 천재지변·화재 등 사업장 내에 발생한 돌발적인 사고에 따른 긴급피난·구조행위 등
   사회통념상 예견되는 행위를 하던 중에 발생한 사고
④ 사업장 밖에서 업무를 수행하던 중 사업주의 구체적인 지시를 위반한 행위로 인한 사고
⑤ 휴게시간 중 사업주의 지배관리하에 있다고 볼 수 있는 행위로 발생한 사고

해설 ④ 근로자가 사업주의 지시를 받아 **사업장 밖에서 업무를 수행하던 중**에 발생한 사고는 법 제37조
제1항 제1호 가목에 따른 업무상 사고로 본다. 다만, **사업주의 구체적인 지시를 위반한 행위**, 근
로자의 사적 행위 또는 정상적인 출장 경로를 벗어났을 때 발생한 사고는 **업무상 사고로 보지
않는다**(산업재해보상보험법 시행령 제27조 제2항).

16 산업재해보상보험법령상 업무상질병판정위원회의 심의에서 제외되는 질병이 아닌 것은?

① 진폐

② 이황화탄소 중독증

③ 유해·위험요인에 지속적으로 소량 노출되어 나타나는 만성 중독 증상 또는 소견 등의 질병

④ 한국산업안전보건공단법에 따른 한국산업안전보건공단에 자문한 결과 업무와의 관련성이 높다고 인정된 질병

⑤ 업무와 그 질병 사이에 상당인과관계가 있는지를 명백히 알 수 있는 경우로서 근로복지공단이 정하는 질병

해설 법 제38조 제2항에 따른 판정위원회의 심의에서 제외되는 질병은 다음 각 호의 어느 하나에 해당하는 질병으로 한다(산업재해보상보험법 시행규칙 제7조).
1. 진폐
2. 이황화탄소중독증
3. 유해·위험요인에 일시적으로 다량 노출되어 나타나는 급성 중독 증상 또는 소견 등의 질병
4. 공단의 요구에 따라 산재보험 의료기관에서 진찰을 한 결과 업무와의 관련성이 매우 높다는 소견이 있는 질병
5. 한국산업안전공단법에 따른 한국산업안전공단, 그 밖에 업무상 질병 여부를 판단할 수 있는 기관에 자문한 결과 업무와의 관련성이 높다고 인정된 질병
6. 그 밖에 업무와 그 질병 사이에 상당인과관계가 있는지를 명백히 알 수 있는 경우로서 공단이 정하는 질병

17 국민연금법령상 다음 A근로자의 경우 산입될 국민연금 가입기간은?

> 사용자가 A근로자의 임금에서 7개월간 기여금을 공제하였음에도 연금보험료를 내지 않았다.

① 3개월　　　　　　　　② 4개월
③ 5개월　　　　　　　　④ 6개월
⑤ 7개월

해설 ② 가입기간을 계산할 때 연금보험료를 내지 아니한 기간은 가입기간에 산입하지 아니한다. 다만, 사용자가 **근로자의 임금에서 기여금을 공제하고 연금보험료를 내지 아니한 경우**에는 그 내지 아니한 기간의 2분의 1에 해당하는 기간을 근로자의 가입기간으로 산입한다. 이 경우 **1개월 미만의 기간은 1개월로** 한다(국민연금법 제17조 제2항).

18 국민연금법상 다음 (   )에 들어갈 숫자의 합은?

> 제64조(분할연금 수급권자 등)
> ① 혼인기간이 (   )년 이상인 자가 다음 각 호의 요건을 모두 갖추면 그때부터 그가 생존하는 동안 배우자였던 자의 노령연금을 분할한 일정한 금액의 연금(이하 "분할연금"이라 한다)을 받을 수 있다.
>   1. 배우자와 이혼하였을 것
>   2. 배우자였던 사람이 노령연금 수급권자일 것
>   3. 60세가 되었을 것
> 〈중략〉
> ③ 제1항에 따른 분할연금은 제1항 각 호의 요건을 모두 갖추게 된 때부터 (   )년 이내에 청구하여야 한다.

① 6

② 8

③ 10

④ 13

⑤ 15

해설 분할연금 수급권자 등(국민연금법 제64조)

① 혼인기간이 (5)년 이상인 자가 다음 각 호의 요건을 모두 갖추면 그때부터 그가 생존하는 동안 배우자였던 자의 노령연금을 분할한 일정한 금액의 연금(이하 "분할연금"이라 한다)을 받을 수 있다.
  1. 배우자와 이혼하였을 것
  2. 배우자였던 사람이 노령연금 수급권자일 것
  3. 60세가 되었을 것
〈중략〉
③ 제1항에 따른 분할연금은 제1항 각 호의 요건을 모두 갖추게 된 때부터 (5)년 이내에 청구하여야 한다.

19 국민건강보험법령상 피부양자에 해당하지 않는 자는? (단, 직장가입자에게 주로 생계를 의존하는 사람으로서 소득 및 재산이 보건복지부령으로 정하는 기준 이하에 해당하는 사람에 한정한다.)

① 직장가입자의 형제의 배우자
② 직장가입자의 직계비속
③ 직장가입자의 배우자의 직계비속
④ 직장가입자의 직계존속
⑤ 직장가입자의 형제·자매

> **해설** 제1항의 피부양자는 다음 각 호의 어느 하나에 해당하는 사람 중 직장가입자에게 주로 생계를 의존하는 사람으로서 소득 및 재산이 보건복지부령으로 정하는 기준 이하에 해당하는 사람을 말한다(국민건강보험법 제5조 제2항).
> 1. 직장가입자의 배우자
> 2. **직장가입자의 직계존속**(배우자의 직계존속을 포함한다)
> 3. **직장가입자의 직계비속**(배우자의 직계비속을 포함한다)과 그 배우자
> 4. **직장가입자의 형제·자매**

20 국민건강보험법령에 관한 설명으로 옳은 것은?

① 요양급여비용 및 요양급여의 적정성 평가 등에 관한 건강보험심사평가원의 처분에 이의가 있는 국민건강보험공단, 요양기관 또는 그 밖의 자는 건강보험정책심의위원회에 이의신청을 할 수 있다.
② 직장가입자의 보수월액보험료 상한은 보험료가 부과되는 연도의 전전년도 직장가입자 평균 보수월액보험료의 20배에 해당하는 금액을 고려하여 보건복지부장관이 정하여 고시하는 금액으로 한다.
③ 국민건강보험공단은 보험급여를 받을 수 있는 사람이 고의 또는 중대한 과실로 국민건강보험공단이나 요양기관의 요양에 관한 지시에 따르지 아니한 경우 보험급여를 하지 아니한다.
④ 건강보험심사평가원은 요양급여에 대한 의료의 질을 향상시키기 위하여 요양급여의 적정성 평가를 격년으로 실시하여야 한다.
⑤ 보험료부과제도개선위원회는 성별을 고려하여 위원장 1명과 부위원장 1명을 포함하여 11명 이내의 위원으로 구성한다.

정답 18 ③ 19 ① 20 ③

해설 ③ 공단은 보험급여를 받을 수 있는 사람이 **고의 또는 중대한 과실로 공단이나 요양기관의 요양에 관한 지시에 따르지 아니한 경우**에 해당하면 **보험급여를 하지 아니한다**(국민건강보험법 제53조 제1항 제2호).
① 요양급여비용 및 요양급여의 적정성 평가 등에 관한 건강보험심사평가원의 처분에 이의가 있는 국민건강보험공단. 요양기관 또는 그 밖의 자는 **심사평가원**에 이의신청을 할 수 있다(국민건강보험법 제87조 제2항).
② 직장가입자의 보수월액보험료 상한은 보험료가 부과되는 연도의 전전년도 직장가입자 평균 보수월액보험료의 **30배**에 해당하는 금액을 고려하여 보건복지부장관이 정하여 고시하는 금액으로 한다(국민건강보험법 시행령 제32조 제1호 가목).
④ 건강보험심사평가원은 요양급여에 대한 의료의 질을 향상시키기 위하여 요양급여의 적정성 평가를 실시**할 수 있다**(국민건강보험법 제47조의4 제1항).
⑤ **심의위원회**는 위원장 1명과 부위원장 1명을 포함하여 **25명**의 위원으로 구성한다(국민건강보험법 제4조 제2항).

21 국민건강보험법령상 보험료에 관한 설명으로 옳은 것은?

① 가입자의 자격을 취득한 날이 속하는 달의 다음 달부터 가입자의 자격을 잃은 날이 속하는 달까지 징수한다.
② 직장가입자의 소득월액보험료는 사용자가 납부한다.
③ 보험료 납부의무가 있는 자는 가입자에 대한 그 달의 보험료를 그 달 말일까지 납부하여야 한다.
④ 직장가입자의 보험료율은 1만분의 709로 한다.
⑤ 60세 이상인 사람은 보험료 경감대상이 될 수 있다.

해설 ④ 직장가입자의 보험료율은 1천분의 80의 범위에서 심의위원회의 의결을 거쳐 **대통령령**으로 정한다(국민건강보험법 제73조 제1항). 법 제73조 제1항에 따른 **직장가입자의 보험료율** 및 같은 조 제3항에 따른 지역가입자의 보험료율은 각각 **1만분의 709**로 한다(국민건강보험법 시행령 제44조 제1항).
① 가입자의 자격을 취득한 날이 속하는 달의 다음 달부터 가입자의 자격을 **잃은 전날**이 속하는 달까지 징수한다(국민건강보험법 제69조 제2항).
② 직장가입자의 소득월액보험료는 **직장가입자**가 납부한다(국민건강보험법 제77조 제1항 제2호).
③ 보험료 납부의무가 있는 자는 가입자에 대한 그 달의 보험료를 그 **다음 달 10일까지** 납부하여야 한다(국민건강보험법 제78조 제1항).
⑤ **65세** 이상인 사람은 보험료 경감대상이 될 수 있다(국민건강보험법 제75조 제1항 제2호).

22 **국민건강보험법령상 건강검진에 관한 설명으로 옳지 않은 것은?**

① 사무직에 종사하지 않는 직장가입자에 대해서는 1년에 1회 실시한다.

② 검진기관이 건강검진을 받은 사람에게 직접 통보한 경우에는 국민건강보험공단은 그 통보를 생략할 수 있다.

③ 직장가입자, 세대주인 지역가입자, 18세 이상인 지역가입자는 일반건강검진 대상이다.

④ 영유아건강검진 대상은 6세 미만의 가입자 및 피부양자이다.

⑤ 국민건강보험공단은 직장가입자에게 실시하는 일반건강검진의 실시에 관한 사항을 해당 사용자에게 통보해야 한다.

> **해설** 제1항에 따른 건강검진의 종류 및 대상은 다음 각 호와 같다(국민건강보험법 제52조 제2항).
> 1. 일반건강검진 : 직장가입자, 세대주인 지역가입자, **20세 이상인 지역가입자** 및 20세 이상인 피부양자
> 2. 암검진 : 암관리법 제11조 제2항에 따른 암의 종류별 검진주기와 연령 기준 등에 해당하는 사람
> 3. 영유아건강검진 : 6세 미만의 가입자 및 피부양자

23 **고용보험 및 산업재해보상보험의 보험료징수 등에 관한 법령상 고액 · 상습 체납자의 인적사항 공개에 관한 설명으로 옳지 않은 것은?**

① 국민건강보험공단은 체납된 보험료, 이 법에 따른 그 밖의 징수금과 체납처분비와 관련하여 행정심판이 계류 중인 경우에는 공개하여서는 아니 된다.

② 체납자의 인적사항등에 대한 공개 여부를 심의하기 위하여 국민건강보험공단에 보험료정보공개심의위원회를 둔다.

③ 국민건강보험공단은 인적사항등의 공개가 결정된 자에 대하여 소명할 기회를 주어야 한다.

④ 체납자 인적사항등의 공개는 관보에 게재하거나, 고용 · 산재정보통신망 또는 국민건강보험공단 게시판에 게시하는 방법에 따른다.

⑤ 국민건강보험공단은 보험료정보공개심의위원회의 심의와 관련한 통지일부터 3개월이 지난 후 체납자 인적사항 등의 공개 여부를 재심의하게 한 후 공개대상자를 선정한다.

> **해설** ⑤ 건강보험공단은 위원회의 심의를 거쳐 인적사항 등의 공개가 결정된 자에 대하여 공개대상자임을 알림으로써 소명할 기회를 주어야 하며, **통지일부터 6개월이 지난 후** 위원회로 하여금 체납액의 납부이행 등을 고려하여 체납자 인적사항등의 공개 여부를 재심의하게 한 후 공개대상자를 선정한다(고용산재보험료징수법 제28조의6 제3항).

정답   21 ④   22 ③   23 ⑤

24 고용보험 및 산업재해보상보험의 보험료징수 등에 관한 법령상 예술인과 이들을 상대방으로 하여 문화예술용역 관련 계약을 체결한 사업의 사업주에 대한 고용보험료율은?

① 1천분의 8
② 1천분의 16
③ 1천분의 24
④ 1천분의 32
⑤ 1천분의 40

해설 ② 제14조에도 불구하고 <u>예술인과 이들을 상대방으로 하여 문화예술용역 관련 계약을 체결한 사업의 사업주에 대한 고용보험료율</u>은 종사형태 등을 반영하여 고용보험법 제7조에 따른 고용보험위원회의 심의를 거쳐 대통령령으로 달리 정할 수 있다(고용산재보험료징수법 제48조의2 제3항 전단). 법 제48조의2(예술인 고용보험 특례) 제3항 전단에 따른 고용보험료율은 <u>1천분의 16</u>으로 한다(고용산재보험료징수법 시행령 제56조의5 제2항).

25 고용보험 및 산업재해보상보험의 보험료징수 등에 관한 법령상 동일한 사업주가 하나의 장소에서 사업의 종류가 다른 사업을 아래와 같이 할 경우 산재보험료율을 적용하기 위한 주된 사업은?

사업의 종류	매출액(억)	보수총액(억)	근로자 수(명)
A	150	15	30
B	150	15	40
C	250	15	40
D	250	12	40
E	300	12	40

① A
② B
③ C
④ D
⑤ E

해설 산재보험료율의 적용(고용산재보험료징수법 시행령 제14조)
① <u>동일한 사업주가 하나의 장소</u>에서 법 제14조 제3항에 따른 <u>사업의 종류가 다른 사업을 둘 이상 하는 경우</u>에는 그 중 근로자 수 및 보수총액 등의 비중이 큰 주된 사업(이하 이 조에서 "주된 사업"이라 한다)에 적용되는 산재보험료율을 그 장소의 모든 사업에 적용한다.
② 제1항에 따른 주된 사업의 결정은 다음 각 호의 순서에 따른다.
　1. <u>근로자 수가 많은 사업</u>
　2. 근로자 수가 같거나 그 수를 파악할 수 없는 경우에는 <u>보수총액이 많은 사업</u>
　3. 제1호 및 제2호에 따라 주된 사업을 결정할 수 없는 경우에는 <u>매출액이 많은 제품</u>을 제조하거나 서비스를 제공하는 사업

정답　24 ② 　25 ③

사회보험법 문제 및 해설

01 사회보장기본법에 관한 설명으로 옳지 않은 것은?

① 모든 국민은 자신의 능력을 최대한 발휘하여 자립·자활할 수 있도록 노력하여야 한다.

② 국가와 지방자치단체는 사회보장제도를 시행할 때에 가정과 지역공동체의 자발적인 복지활동을 촉진하여야 한다.

③ 사회보험이란 국민에게 발생하는 사회적 위험을 보험의 방식으로 대처함으로써 국민의 건강과 소득을 보장하는 제도를 말한다.

④ 국내에 거주하는 외국인에게 사회보장제도를 적용할 때에는 국민과 차별하지 아니하되 예외적으로 상호주의에 따를 수 있다.

⑤ 국가와 지방자치단체는 가정이 건전하게 유지되고 그 기능이 향상되도록 노력하여야 한다.

해설 ④ 국내에 거주하는 외국인에게 사회보장제도를 적용할 때에는 **상호주의**의 원칙에 따르되, 관계 법령에서 정하는 바에 따른다(사회보장기본법 제8조).

02 사회보장기본법상 사회보장제도의 운영에 관한 설명으로 옳지 않은 것은?

① 국가와 지방자치단체가 사회보장제도를 운영할 때에는 이 제도를 필요로 하는 모든 국민에게 적용하여야 한다.

② 국가와 지방자치단체는 공공부문과 민간부문의 사회보장 전달체계가 효율적으로 연계되도록 노력하여야 한다.

③ 공공부조는 국가의 책임으로 시행하고, 사회보험과 사회서비스는 국가와 지방자치단체의 책임으로 시행하는 것을 원칙으로 한다.

④ 국가와 지방자치단체는 사회보장 관계 법령에서 정하는 바에 따라 사회보장에 관한 상담에 응하여야 한다.

⑤ 국가와 지방자치단체는 효과적인 사회보장정책의 수립·시행을 위하여 사회보장에 관한 통계를 작성·관리하여야 한다.

해설 ③ **사회보험은 국가의 책임**으로 시행하고, **공공부조와 사회서비스는 국가와 지방자치단체의 책임**으로 시행하는 것을 원칙으로 한다. 다만, 국가와 지방자치단체의 재정 형편 등을 고려하여 이를 협의·조정할 수 있다(사회보장기본법 제25조 제5항).

정답 01 ④ 02 ③

03 사회보장기본법령상 사회보장 관련 주요 시책의 시행계획에 관한 내용이다. (   )에 들어
갈 내용으로 옳은 것은?

> 보건복지부장관은 사회보장과 관련된 소관 주요 시책의 시행계획에 따른 추진 실적의 평
> 가를 위한 지침을 작성하여 매년 (ㄱ)까지 관계 중앙행정기관의 장에게 통보하고, 관계
> 중앙행정기관의 장은 통보받은 평가지침에 따라 전년도 시행계획의 추진 실적을 평가한
> 후 그 결과를 매년 (ㄴ)까지 보건복지부장관에게 제출하여야 한다.

① ㄱ : 1월 31일, ㄴ : 3월 31일
② ㄱ : 1월 31일, ㄴ : 6월 30일
③ ㄱ : 3월 31일, ㄴ : 6월 30일
④ ㄱ : 3월 31일, ㄴ : 9월 30일
⑤ ㄱ : 6월 30일, ㄴ : 9월 30일

해설 ① 보건복지부장관은 사회보장과 관련된 소관 주요 시책의 시행계획에 따른 추진 실적의 평가를 위
한 지침을 작성하여 매년 (**1월 31일**)까지 관계 중앙행정기관의 장에게 통보하고, 관계 중앙행정
기관의 장은 통보받은 평가지침에 따라 전년도 시행계획의 추진 실적을 평가한 후 그 결과를 매
년 (**3월 31일**)까지 보건복지부장관에게 제출하여야 한다(사회보장기본법 시행령 제6조 제1항).

04 사회보장기본법에 관한 설명으로 옳지 않은 것은?

① 국가는 관계 법령에서 정하는 바에 따라 최저보장수준과 최저임금을 매년 공표하여야
한다.
② 국가와 지방자치단체는 사회보장에 관한 책임과 역할을 합리적으로 분담하여야 한다.
③ 사회보장수급권이 제한되거나 정지되는 경우에는 제한 또는 정지하는 목적에 필요한 최
소한의 범위에 그쳐야 한다.
④ 사회보장수급권은 정당한 권한이 있는 기관에 구두 또는 서면으로 통지하여 포기할 수
있다.
⑤ 사회보장에 관한 다른 법률을 제정하거나 개정하는 경우에는 사회보장기본법에 부합되
도록 하여야 한다.

해설 ④ 사회보장수급권은 정당한 권한이 있는 기관에 **서면으로** 통지하여 포기할 수 있다(사회보장기본
법 제14조 제1항).

05 고용보험법상 피보험자격의 취득 또는 상실 등에 관한 설명으로 옳지 않은 것은?

① 고용보험 및 산업재해보상보험의 보험료징수 등에 관한 법률(이하 "고용산재보험료징수법"이라 한다)에 따른 보험관계 성립일 전에 고용된 근로자의 경우에는 그 보험관계가 성립한 날의 다음 날에 피보험자격을 취득한 것으로 본다.

② 근로자인 피보험자가 이직한 경우에는 이직한 날의 다음 날에 피보험자격을 상실한다.

③ 근로자인 피보험자가 사망한 경우에는 사망한 날의 다음 날에 피보험자격을 상실한다.

④ 고용산재보험료징수법에 따라 보험관계가 소멸한 경우에는 그 보험관계가 소멸한 날에 그 피보험자격을 상실한다.

⑤ 피보험자 또는 피보험자였던 사람은 언제든지 고용노동부장관에게 피보험자격의 취득 또는 상실에 관한 확인을 청구할 수 있다.

해설 ① 고용산재보험료징수법 제7조에 따른 보험관계 성립일 전에 고용된 근로자의 경우에는 그 **보험관계가 성립한 날**에 피보험자격을 취득한 것으로 본다(고용보험법 제13조 제1항 제2호).

06 고용보험법령상 고용보험법 적용이 제외되는 것을 모두 고른 것은?

> ㄱ. 별정우체국법에 따른 별정우체국 직원
> ㄴ. 사립학교교직원 연금법의 적용을 받는 사람
> ㄷ. 어업 중 법인이 아닌 자가 상시 4명 이하의 근로자를 사용하는 사업에 종사하는 근로자

① ㄱ　　　　　　　　　　　　　　　② ㄱ, ㄴ
③ ㄱ, ㄷ　　　　　　　　　　　　　④ ㄴ, ㄷ
⑤ ㄱ, ㄴ, ㄷ

해설 • 다음 각 호의 어느 하나에 해당하는 사람에게는 이 법을 적용하지 아니한다(고용보험법 제10조 제1항).

1. 삭제
2. 해당 사업에서 소정근로시간이 대통령령으로 정하는 시간 미만인 근로자
3. 국가공무원법과 지방공무원법에 따른 공무원. 다만, 대통령령으로 정하는 바에 따라 별정직공무원, 국가공무원법 제26조의5 및 지방공무원법 제25조의5에 따른 임기제공무원의 경우는 본인의 의사에 따라 고용보험(제4장에 한정한다)에 가입할 수 있다.
4. **사립학교교직원 연금법의 적용을 받는 사람**
5. 그밖에 대통령령으로 정하는 사람

• 법 제10조 제1항 제5호에서 "대통령령으로 정하는 사람"이란 다음 각 호의 어느 하나에 해당하는 사람을 말한다(고용보험법 시행령 제3조 제3항).

1. 별정우체국법에 따른 별정우체국 직원
2. 농업·입업 및 어업 중 법인이 아닌 자가 상시 4명 이하의 근로자를 사용하는 사업에 종사하는 근로자

정답 ▶ 　03 ①　04 ④　05 ①　06 ⑤

07 고용보험법상 자영업자의 구직급여에 관한 사항으로 피보험기간과 소정급여일수가 옳게 연결된 것은?

① 피보험기간 6개월 – 소정급여일수 120일
② 피보험기간 1년 – 소정급여일수 150일
③ 피보험기간 3년 – 소정급여일수 180일
④ 피보험기간 10년 – 소정급여일수 210일
⑤ 피보험기간 15년 – 소정급여일수 240일

해설 자영업자의 구직급여의 소정급여일수(고용보험법 제69조의6 관련 [별표 2])

구분	피보험기간			
	1년 이상 3년 미만	3년 이상 5년 미만	5년 이상 10년 미만	10년 이상
소정급여일수	120일	150일	180일	210일

08 고용보험법령상 노무제공자인 피보험자에 해당하지 않는 것은?

① 한국표준직업분류표의 세분류에 따른 대여 제품 방문점검원
② 가전제품의 판매를 위한 배송업무를 주로 수행하고 가전제품의 설치, 시운전 등을 통해 작동상태를 확인하는 사람
③ 초·중등교육법에 따른 학교에서 운영하는 방과후학교의 과정을 담당하는 강사
④ 방문판매 등에 관한 법률에 따른 후원방문판매원으로서 자가 소비를 위한 후원 방문판매원
⑤ 우체국 예금·보험에 관한 법률에 따른 우체국보험의 모집을 전업으로 하는 사람

해설 법 제77조의6 제1항에서 "대통령령으로 정하는 직종에 종사하는 사람"이란 다음 각 호의 어느 하나에 해당하는 사람을 말한다(고용보험법 시행령 제104조의11 제1항 제6호).

6. **방문판매 등에 관한 법률** 제2조 제2호에 따른 방문판매원 또는 같은 조 제8호에 따른 **후원방문판매원**으로서 상시적으로 방문판매업무를 하는 사람. 다만, **자가 소비를 위한** 방문판매원·**후원방문판매원** 및 제2호 또는 제7호에 동시에 해당하는 사람은 **제외한다.**

09 **고용보험법령상 고용보험기금에 관한 설명으로 옳지 않은 것은?**

① 고용노동부장관은 한국은행에 고용보험기금계정을 설치하여야 한다.

② 고용보험기금의 결산상 손실금이 생기는 경우 이를 적립금으로 보전할 수 없다.

③ 기금수입징수관은 기금징수액보고서를 매월 말일을 기준으로 작성하여 다음 달 20일까지 고용노동부장관에게 제출하여야 한다.

④ 고용보험기금을 지출할 때 자금 부족이 발생할 것으로 예상되는 경우에는 고용보험기금의 부담으로 금융기관·다른 기금과 그 밖의 재원 등으로부터 차입을 할 수 있다.

⑤ 고용노동부장관의 고용보험기금 관리·운용 방법에는 금융기관에 예탁하는 방법이 있다.

> **해설** ② 기금의 결산상 손실금이 생기면 적립금을 사용하여 이를 <u>보전할 수 있다</u>(고용보험법 제85조 제2항).

10 **고용보험법상 재심사에 관한 설명으로 옳지 않은 것은?**

① 재심사의 청구는 심사청구에 대한 결정이 있음을 안 날부터 90일 이내에 제기하여야 한다.

② 재심사의 청구는 시효중단에 관하여 재판상의 청구로 본다.

③ 고용보험심사위원회의 재심사청구에 대한 심리는 공개하지 않음이 원칙이지만, 당사자의 양쪽 또는 어느 한 쪽이 신청한 경우에는 공개할 수 있다.

④ 고용보험심사위원회는 재심사의 청구를 받으면 그 청구에 대한 심리 기일 및 장소를 정하여 심리 기일 3일 전까지 당사자 및 그 사건을 심사한 고용보험심사관에게 알려야 한다.

⑤ 당사자는 고용보험심사위원회에 문서나 구두로 그 의견을 진술할 수 있다.

> **해설** ③ 심사위원회의 재심사청구에 대한 <u>심리는 공개</u>한다. 다만, <u>당사자의 양쪽 또는 어느 한 쪽이 신청한 경우에는 공개하지 아니할 수</u> 있다(고용보험법 제101조 제3항).

11 산업재해보상보험법령상 산업재해보상보험 및 예방심의위원회의 심의사항이 아닌 것은?

① 요양급여의 범위나 비용 등 요양급여의 산정기준에 관한 사항
② 고용보험 및 산업재해보상보험의 보험료징수 등에 관한 법률에 따른 산재보험료율의 결정에 관한 사항
③ 산업안전보건법에 따른 산업재해 보상의 세부계획에 관한 사항
④ 산업재해보상보험 및 예방기금의 운용계획 수립에 관한 사항
⑤ 고용노동부장관이 산업재해보상보험 사업 및 산업안전 · 보건업무에 관하여 심의에 부치는 사항

해설 법 제8조 제1항에 따른 산업재해보상보험 및 예방심의위원회(이하 "위원회"라 한다)는 다음 각 호의 사항을 심의한다(산업재해보상보험법 시행령 제3조).
1. 법 제40조 제5항에 따른 **요양급여의 범위나 비용 등 요양급여의 산정기준**에 관한 사항
2. 고용보험 및 산업재해보상보험의 보험료징수 등에 관한 법률 제14조 제3항 및 같은 조 제4항에 따른 **산재보험료율의 결정에 관한 사항**
3. 법 제98조에 따른 **산업재해보상보험 및 예방기금의 운용계획 수립에 관한 사항**
4. 산업안전보건법 제4조 제1항 각 호에 따른 산업안전 · 보건 업무와 관련되는 주요 정책 및 같은 법 제7조에 따른 산업재해 예방에 관한 기본계획
5. 그 밖에 **고용노동부장관이 산업재해보상보험 사업(이하 "보험사업"이라 한다) 및 산업안전 · 보건 업무에 관하여 심의에 부치는 사항**

12 산업재해보상보험법령상 산업재해보상보험법의 적용 제외 사업에 해당하지 않는 것은?

① 군인 재해보상법에 따라 재해보상이 되는 사업
② 선원법에 따라 재해보상이 되는 사업
③ 벌목업 중 법인이 아닌 자의 사업으로서 상시근로자 수가 5명 미만인 사업
④ 수렵업 중 법인이 아닌 자의 사업으로서 상시근로자 수가 5명 미만인 사업
⑤ 가구내 고용활동

해설 산업재해보상보험법(이하 "법"이라 한다) 제6조 단서에서 "대통령령으로 정하는 사업"이란 다음 각 호의 어느 하나에 해당하는 사업 또는 사업장(이하 "사업"이라 한다)을 말한다(산업재해보상보험법 시행령 제2조 제1항).
1. 공무원 재해보상법 또는 군인 재해보상법에 따라 재해보상이 되는 사업. 다만, 「공무원 재해보상법」 제60조에 따라 순직유족급여 또는 위험직무순직유족급여에 관한 규정을 적용받는 경우는 제외한다.
2. 선원법, 어선원 및 어선 재해보상보험법 또는 사립학교교직원 연금법에 따라 재해보상이 되는 사업
3. 가구내 고용활동
4. 농업, 임업(**벌목업은 제외한다**), 어업 및 수렵업 중 법인이 아닌 자의 사업으로서 상시근로자 수가 5명 미만인 사업

13 산업재해보상보험법상 과태료 부과 대상이 되는 자를 모두 고른 것은?

> ㄱ. 근로복지공단이 아닌 자가 근로복지공단과 비슷한 명칭을 사용한 자
> ㄴ. 거짓으로 보험급여를 받도록 시키거나 도와준 자
> ㄷ. 거짓으로 보험급여를 받은 자

① ㄱ
② ㄷ
③ ㄱ, ㄴ
④ ㄴ, ㄷ
⑤ ㄱ, ㄴ, ㄷ

해설 • 다음 각 호의 어느 하나에 해당하는 자에게는 200만원 이하의 과태료를 부과한다(산업재해보상보험법 제129조 제2항).
  1. 제34조를 위반하여 **근로복지공단** 또는 이와 **비슷한 명칭을 사용한 자**
• 다음 각 호의 어느 하나에 해당하는 자는 **2년 이하의 징역 또는 2천만원 이하의 벌금**에 처한다(산업재해보상보험법 제127조 제3항).
  1. **거짓**이나 그 밖의 부정한 방법으로 **보험급여를 받은 자**
  2. **거짓**이나 그 밖의 부정한 방법으로 **보험급여를 받도록 시키거나 도와준 자**

14 산업재해보상보험법상 상병보상연금의 지급요건을 모두 고른 것은?

> ㄱ. 그 부상이나 질병이 치유되지 아니한 상태일 것
> ㄴ. 요양으로 인하여 취업하지 못하였을 것
> ㄷ. 그 부상이나 질병에 따른 중증요양상태의 정도가 대통령령으로 정하는 중증요양상태
>   등급 기준에 해당할 것

① ㄱ
② ㄷ
③ ㄱ, ㄴ
④ ㄴ, ㄷ
⑤ ㄱ, ㄴ, ㄷ

해설 요양급여를 받는 근로자가 요양을 시작한 지 2년이 지난 날 이후에 다음 각 호의 요건 모두에 해당하는 상태가 계속되면 휴업급여 대신 상병보상연금을 그 근로자에게 지급한다(산업재해보상보험법 제66조 제1항).
1. 그 부상이나 질병이 치유되지 아니한 상태일 것
2. 그 부상이나 질병에 따른 중증요양상태의 정도가 대통령령으로 정하는 중증요양상태등급 기준에 해당할 것
3. 요양으로 인하여 취업하지 못하였을 것

정답 11 ③ 12 ③ 13 ① 14 ⑤

15 산업재해보상보험법령상 업무상의 재해의 인정기준에 해당하는 사유가 아닌 것은?

① 근로자가 근로계약에 따른 업무나 그에 따르는 행위를 하던 중 발생한 사고

② 사업주의 구체적인 지시를 위반한 행위로 인한 사고

③ 사업주가 제공한 시설물 등을 이용하던 중 그 시설물 등의 결함이나 관리소홀로 발생한 사고

④ 사업주가 주관하거나 사업주의 지시에 따라 참여한 행사나 행사준비 중에 발생한 사고

⑤ 휴게시간 중 사업주의 지배관리하에 있다고 볼 수 있는 행위로 발생한 사고

해설 ② 근로자가 사업주의 지시를 받아 사업장 밖에서 업무를 수행하던 중에 발생한 사고는 법 제37조 제1항 제1호 가목에 따른 업무상 사고로 본다. 다만, **사업주의 구체적인 지시를 위반한 행위**, 근로자의 사적 행위 또는 정상적인 출장 경로를 벗어났을 때 발생한 사고는 **업무상 사고로 보지 않는다**(산업재해보상보험법 시행령 제27조 제2항).

16 산업재해보상보험법에 따라 산정된 저소득 근로자의 휴업급여에 관한 내용이다. ( )에 들어갈 숫자로 옳은 것은?

> 1일당 휴업급여 지급액이 최저 보상기준 금액의 100분의 (ㄱ)보다 적거나 같으면 그 근로자에 대하여는 평균임금의 100분의 (ㄴ)에 상당하는 금액을 1일당 휴업급여 지급액으로 한다. 다만, 그 근로자의 평균임금의 100분의 (ㄴ)에 상당하는 금액이 최저 보상기준 금액의 100분의 (ㄱ)보다 많은 경우에는 최저 보상기준 금액의 100분의 (ㄱ)에 상당하는 금액을 1일당 휴업급여 지급액으로 한다.

① ㄱ : 70, ㄴ : 70 　　　　② ㄱ : 70, ㄴ : 80
③ ㄱ : 80, ㄴ : 80 　　　　④ ㄱ : 80, ㄴ : 90
⑤ ㄱ : 90, ㄴ : 90

해설 ④ 1일당 휴업급여 지급액이 최저 보상기준 금액의 100분의 (**80**)보다 적거나 같으면 그 근로자에 대하여는 평균임금의 100분의 (**90**)에 상당하는 금액을 1일당 휴업급여 지급액으로 한다. 다만, 그 근로자의 평균임금의 100분의 (**90**)에 상당하는 금액이 최저 보상기준 금액의 100분의 (**80**)보다 많은 경우에는 최저 보상기준 금액의 100분의 (**80**)에 상당하는 금액을 1일당 휴업급여 지급액으로 한다(산업재해보상보험법 제54조 제1항).

17 **국민연금법상 급여에 관한 설명으로 옳은 것은?**

① 급여는 노령연금과 장애연금 두 종류로 나뉜다.

② 급여수급전용계좌에 입금된 급여와 이에 관한 채권은 압류할 수 있다.

③ 급여로 지급된 금액에 대하여는 조세특례제한법이나 그 밖의 법률 또는 지방자치단체가 조례로 정하는 바에 따라 조세, 그 밖에 국가 또는 지방자치단체의 공과금을 감면할 수 없다.

④ 국민연금공단은 장애연금 수급권자의 장애 정도를 심사하여 장애등급에 해당되지 아니하면 장애연금액을 변경한다.

⑤ 자녀인 수급권자가 다른 사람에게 입양된 때에는 그에 해당하게 된 때부터 유족연금의 지급을 정지한다.

> **해설** ⑤ **자녀**나 손자녀인 **수급권자가 다른 사람에게 입양된 때에는 그에 해당하게 된 때부터 유족연금의 지급을 정지**한다(국민연금법 제76조 제5항).
> ① 급여는 **노령연금, 장애연금, 유족연금, 반환일시금 네 종류**로 나뉜다(동법 제49조).
> ② 급여수급전용계좌에 입금된 급여와 이에 관한 채권은 압류할 수 **없다**(동법 제58조 제3항).
> ③ 급여로 지급된 금액에 대하여는 조세특례제한법이나 그 밖의 법률 또는 지방자치단체가 조례로 정하는 바에 따라 조세, 그 밖에 국가 또는 지방자치단체의 공과금을 **감면한다**(동법 제60조).
> ④ 국민연금공단은 장애연금 수급권자의 장애 정도를 심사하여 장애등급이 다르게 되면 그 등급에 따라 장애연금액을 변경하고, **장애등급에 해당되지 아니하면 장애연금 수급권을 소멸**시킨다(동법 제70조 제1항).

18 **국민연금법상 국민연금가입자에 관한 설명으로 옳지 않은 것은?**

① 가입자는 사업장가입자, 지역가입자, 임의가입자 및 임의계속가입자로 구분한다.

② 임의가입자는 보건복지부령으로 정하는 바에 따라 국민연금공단에 신청하여 탈퇴할 수 있다.

③ 가입자의 가입 종류가 변동되면 그 가입자의 가입기간은 각 종류별 가입기간을 합산한 기간으로 한다.

④ 가입자의 자격을 상실한 후 다시 그 자격을 취득한 자에 대하여는 전후의 가입 기간을 합산한다.

⑤ 임의가입자는 가입 신청을 한 날에 자격을 취득한다.

> **해설** ⑤ 임의가입자는 **가입 신청이 수리된 날**에 자격을 취득한다(국민연금법 제11조 제3항).

정답 15 ② 16 ④ 17 ⑤ 18 ⑤

19 국민건강보험법령상 보수월액에 관한 설명으로 옳지 않은 것은?

① 직장가입자의 보수월액은 직장가입자가 지급받는 보수를 기준으로 하여 산정한다.

② 휴직으로 보수의 전부 또는 일부가 지급되지 아니하는 가입자의 보수월액보험료는 해당 사유가 생기기 전 달의 보수월액을 기준으로 산정한다.

③ 근로자가 근로를 제공하고 사용자로부터 지급받는 금품 중 퇴직금은 보수에서 제외한다.

④ 보수의 전부 또는 일부가 현물로 지급되는 경우에는 그 지역의 시가를 기준으로 국민건강보험공단이 정하는 가액을 그에 해당하는 보수로 본다.

⑤ 보수 관련 자료가 없거나 불명확한 경우에 해당하면 고용노동부장관이 정하여 고시하는 금액을 보수로 본다.

해설 ⑤ 보수 관련 자료가 없거나 불명확한 경우 등 대통령령으로 정하는 사유에 해당하면 **보건복지부장관**이 정하여 고시하는 금액을 보수로 본다(국민건강보험법 제70조 제3항 후단).

20 국민건강보험법령상 직장가입자 제외자에 해당하는 자를 모두 고른 것은?

> ㄱ. 고용 기간이 1개월 미만인 일용근로자
> ㄴ. 1개월 동안의 소정근로시간이 60시간 미만인 단시간근로자
> ㄷ. 병역법에 따른 군간부후보생
> ㄹ. 선거에 당선되어 취임하는 공무원으로서 매월 보수 또는 보수에 준하는 급료를 받지 아니하는 사람

① ㄱ, ㄴ　　　　　　　　　　② ㄴ, ㄷ
③ ㄱ, ㄴ, ㄹ　　　　　　　　④ ㄱ, ㄷ, ㄹ
⑤ ㄱ, ㄴ, ㄷ, ㄹ

해설 • 모든 사업장의 근로자 및 사용자와 공무원 및 교직원은 직장가입자가 된다. 다만, 다음 각 호의 어느 하나에 해당하는 사람은 제외한다(국민건강보험법 제6조 제2항).

1. **고용 기간이 1개월 미만인 일용근로자**
2. **병역법에 따른** 현역병, 전환복무된 사람 및 **군간부후보생**
3. **선거에 당선되어 취임하는 공무원으로서 매월 보수 또는 보수에 준하는 급료를 받지 아니하는 사람**
4. 그 밖에 사업장의 특성, 고용 형태 및 사업의 종류 등을 고려하여 대통령령으로 정하는 사업장의 근로자 및 사용자와 공무원 및 교직원

• 법 제6조 제2항 제4호에서 "대통령령으로 정하는 사업장의 근로자 및 사용자와 공무원 및 교직원"이란 다음 각 호의 어느 하나에 해당하는 사람을 말한다(국민건강보험법 시행령 제9조).

1. 비상근 근로자 또는 **1개월 동안의 소정근로시간이 60시간 미만인 단시간근로자**

21 고용보험 및 산업재해보상보험의 보험료징수 등에 관한 법률상 보험료율의 인상 또는 인하 등에 따른 조치에 관한 내용이다. (　　)에 들어갈 내용으로 옳은 것은?

> (ㄱ)은 보험료율이 인상 또는 인하된 때에는 월별보험료 및 개산보험료를 증액 또는 감액 조정하고, 월별보험료가 증액된 때에는 (ㄴ)이, 개산보험료가 증액된 때에는 (ㄷ)이 각각 징수한다.

① ㄱ : 근로복지공단, ㄴ : 국민건강보험공단, ㄷ : 근로복지공단
② ㄱ : 근로복지공단, ㄴ : 근로복지공단, ㄷ : 국민건강보험공단
③ ㄱ : 근로복지공단, ㄴ : 근로복지공단, ㄷ : 근로복지공단
④ ㄱ : 국민건강보험공단, ㄴ : 근로복지공단, ㄷ : 국민건강보험공단
⑤ ㄱ : 국민건강보험공단, ㄴ : 국민건강보험공단, ㄷ : 근로복지공단

해설 (**공단**)은 보험료율이 인상 또는 인하된 때에는 월별보험료 및 개산보험료를 증액 또는 감액 조정하고, 월별보험료가 증액된 때에는 (**건강보험공단**)이, 개산보험료가 증액된 때에는 (**공단**)이 각각 징수한다(고용산재보험료징수법 제18조 제1항).
  * 고용보험법 및 산업재해보상보험법에 따른 보험사업에 관하여 이 법에서 정한 사항은 고용노동부 장관으로부터 위탁을 받아 산업재해보상보험법 제10조에 따른 **근로복지공단**(이하 "공단"이라 한다)이 수행한다(고용산재보험료징수법 제4조).

22 고용보험 및 산업재해보상보험의 보험료징수 등에 관한 법령상 보험관계의 성립 및 소멸에 관한 설명으로 옳지 않은 것은?

① 산업재해보상보험법을 적용하지 아니하는 사업의 사업주는 근로복지공단의 승인을 받아 산업재해보상보험에 가입할 수 있다.
② 일괄적용사업의 사업주는 사업의 개시일부터 14일 이내에 끝나는 사업의 경우에는 그 끝나는 날의 다음 날까지 개시 및 종료 사실을 근로복지공단에 신고하여야 한다.
③ 고용보험법을 적용하지 아니하는 사업의 사업주가 고용보험에 가입된 경우 그 보험계약을 해지할 때에는 미리 근로복지공단의 승인을 받아야 한다.
④ 고용보험에 가입한 사업주는 기간의 정함이 있는 건설사업의 경우 사업의 기간이 변경되면 그 변경된 날부터 14일 이내에 그 변경사항을 근로복지공단에 신고하여야 한다.
⑤ 고용보험법을 적용하지 아니하는 사업의 사업주가 근로자의 과반수의 동의를 받아 근로복지공단의 승인을 받으면 그 사업의 사업주와 근로자는 고용보험에 가입할 수 있다.

정답 　19 ⑤　20 ⑤　21 ①　22 ②

해설 ② 제8조 제1항 및 제2항에 따른 일괄적용사업의 사업주는 그 각각의 사업(제1항에 따라 신고된 사업은 제외한다)의 개시일 및 종료일(사업 종료의 신고는 고용보험의 경우만 한다)부터 각각 14일 이내에 그 개시 및 종료 사실을 공단에 신고하여야 한다. 다만, <u>**사업의 개시일부터 14일 이내에 끝나는 사업의 경우에는 그 끝나는 날의 전날까지 신고**</u>하여야 한다(고용산재보험료징수법 제11조 제3항).

23

고용보험 및 산업재해보상보험의 보험료징수 등에 관한 법령상 상시근로자수가 150명 미만인 사업주의 사업의 고용안정 · 직업능력개발사업의 보험료율은?

① 1만분의 15
② 1만분의 25
③ 1만분의 35
④ 1만분의 45
⑤ 1만분의 55

해설 법 제14조 제1항에 따른 고용보험료율은 다음 각 호와 같다(고용산재보험료징수법 시행령 제12조 제1항).
1. 고용안정 · 직업능력개발사업의 보험료율 : 다음 각 목의 구분에 따른 보험료율
   가. 상시근로자수가 150명 미만인 사업주의 사업 : <u>1만분의 25</u>

24

고용보험 및 산업재해보상보험의 보험료징수 등에 관한 법령상 기준보수에 관한 설명으로 옳지 않은 것은?

① 근로시간에 따라 보수를 지급받는 근로자가 주당 소정근로시간을 확정할 수 없는 경우에는 시간단위 기준보수를 적용한다.
② 기준보수는 사업의 규모, 근로형태 및 보수수준 등을 고려하여 고용보험법에 따른 고용보험위원회의 심의를 거쳐 시간·일 또는 월 단위로 정하되, 사업의 종류별 또는 지역별로 구분하여 정할 수 있다.
③ 사업 또는 사업장의 이전 등으로 사업의 소재지를 파악하기 곤란한 경우에는 기준보수를 보수로 할 수 있다.
④ 통상근로자로서 월정액으로 보수를 지급받는 근로자에게는 월단위 기준보수를 적용한다.
⑤ 사업의 폐업으로 보수를 산정하기 곤란한 경우에는 기준보수를 보수로 할 수 있다.

해설 법 제3조에 따른 기준보수는 다음 각 호의 구분에 따라 적용한다(고용산재보험료징수법 시행령 제3조 제4항).

1. 통상근로자로서 월정액으로 보수를 지급받는 근로자에게는 월단위 기준보수를 적용한다.
2. 단시간근로자, 근로시간에 따라 보수를 지급받는 근로자(이하 이 조에서 "시간급근로자"라 한다), 근로일에 따라 일당 형식의 보수를 지급받는 근로자(이하 이 조에서 "일급근로자"라 한다)에게는 주당 소정근로시간을 실제 근로한 시간으로 보아 시간단위 기준보수를 적용한다. 다만, 시간급근로자 또는 일급근로자임이 명확하지 아니하거나 <u>주당 소정근로시간을 확정할 수 없는 경우에는 월단위 기준보수를 적용</u>한다.

25 고용보험 및 산업재해보상보험의 보험료징수 등에 관한 법률상 보험관계의 변경신고에 관한 내용이다. ( )에 들어갈 내용으로 옳은 것은?

> 산업재해보상보험에 가입한 사업주는 그 이름, 사업의 소재지 등이 변경된 경우에는 그날부터 (ㄱ)일 이내에 그 변경사항을 (ㄴ)에 신고하여야 한다.

① ㄱ : 7, ㄴ : 근로복지공단
② ㄱ : 7, ㄴ : 국민건강보험공단
③ ㄱ : 14, ㄴ : 근로복지공단
④ ㄱ : 14, ㄴ : 국민건강보험공단
⑤ ㄱ : 30, ㄴ : 근로복지공단

해설 ③ 보험에 가입한 사업주는 그 이름, 사업의 소재지 등 대통령령으로 정하는 사항이 변경된 경우에는 그날부터 (<u>14</u>)일 이내에 그 변경사항을 (<u>근로복지공단</u>)에 신고하여야 한다(고용산재보험료징수법 제12조).

정답 　23 ②　24 ①　25 ③

01 사회보장기본법령상 국가와 지방자치단체의 책임에 관한 내용으로 옳지 않은 것은?

① 국가와 지방자치단체는 국가 발전수준에 부응하고 사회환경의 변화에 선제적으로 대응하며 지속가능한 사회보장제도를 확립하고 매년 이에 필요한 재원을 조달하여야 한다.

② 국가와 지방자치단체는 사회보장 관계 법령에서 규정한 권리나 의무를 모든 국민에게 설명하여야 한다.

③ 국가와 지방자치단체는 사회보장에 관한 책임과 역할을 합리적으로 분담하여야 한다.

④ 국가는 사회보장제도의 안정적인 운영을 위하여 중장기 사회보장 재정추계를 적어도 3년마다 실시하고 이를 공표하여야 한다.

⑤ 국가와 지방자치단체는 모든 국민의 인간다운 생활을 유지·증진하는 책임을 가진다.

> **해설** ② 국가와 지방자치단체는 사회보장 관계 법령에서 규정한 권리나 의무를 해당 국민에게 **설명하도록 노력하여야** 한다(사회보장기본법 제34조).
> ④ **보건복지부장관**은 사회보장제도의 안정적인 운영을 위하여 중장기 사회보장 재정추계를 적어도 3년마다 실시하고 이를 공표하여야 한다(사회보장기본법 제30조의3 제1항).

02 사회보장기본법령상 사회보장위원회에 관한 내용으로 옳지 않은 것은?

① 사회보장위원회의 부위원장은 기획재정부장관, 교육부장관 및 보건복지부장관이 된다.

② 사회보장위원회의 사무를 효율적으로 처리하기 위하여 보건복지부에 사무국을 둔다.

③ 사회보장위원회에 간사 1명을 두고, 간사는 보건복지부 사회복지정책실장으로 한다.

④ 대통령은 위촉한 사회보장위원회의 위원이 직무와 관련된 비위사실이 있는 경우에는 해당 위원을 해촉할 수 있다.

⑤ 사회보장위원회에 두는 실무위원회는 공동위원장 2명을 포함하여 30명 이내의 위원으로 구성한다.

> **해설** ③ 위원회에 **간사 2명**을 두고, 간사는 **국무조정실 사회조정실장과 보건복지부 사회복지정책실장**으로 한다(사회보장기본법 시행령 제9조 제2항).

03 사회보장기본법령상 사회보장수급권에 관한 내용으로 옳지 않은 것은?

① 사회보장수급권이 정지되는 경우에는 정지하는 목적에 필요한 최소한의 범위에 그쳐야 한다.

② 사회보장수급권은 관계 법령에서 정하는 바에 따라 타인에게 양도할 수 있다.

③ 사회보장수급권은 관계 법령에서 따로 정하고 있는 경우에는 제한될 수 있다.

④ 사회보장수급권은 관계 법령에서 정하는 바에 따라 타인에게 담보로 제공할 수 없다.

⑤ 사회보장수급권을 포기하는 것이 다른 사람에게 피해를 주는 경우에는 사회보장수급권을 포기할 수 없다.

> **해설** ② 사회보장수급권은 관계 법령에서 정하는 바에 따라 다른 사람에게 <u>양도</u>하거나 담보로 제공<u>할 수 없</u>으며, 이를 압류할 수 없다(사회보장기본법 제12조).

04 고용보험법령상 사업주에게 지급하는 출산육아기 고용안정장려금의 지급요건 중 하나이다. (   )에 들어갈 내용으로 옳은 것은?

> 출산전후휴가, 유산·사산 휴가 또는 육아휴직 등의 시작일 전 (ㄱ)개월이 되는 날[출산전후휴가에 연이어 유산·사산 휴가 또는 육아휴직 등을 시작하는 경우에는 출산전후휴가 시작일 전 (ㄴ)개월이 되는 날] 이후 새로 대체인력을 고용하여 (ㄷ)일 이상 계속 고용한 경우

① ㄱ : 1, ㄴ : 1, ㄷ : 30   ② ㄱ : 1, ㄴ : 1, ㄷ : 60
③ ㄱ : 1, ㄴ : 2, ㄷ : 60   ④ ㄱ : 2, ㄴ : 2, ㄷ : 30
⑤ ㄱ : 2, ㄴ : 2, ㄷ : 60

> **해설** 고용보험법 시행령 제29조 제1항 제3호 가목
> 출산전후휴가, 유산·사산 휴가 또는 육아휴직 등의 시작일 전 (2)개월이 되는 날[출산전후휴가에 연이어 유산·사산 휴가 또는 육아휴직 등을 시작하는 경우에는 출산전후휴가 시작일 전 (2)개월이 되는 날] 이후 새로 대체인력을 고용하거나 파견근로자를 대체인력으로 사용하여 (30)일 이상 계속 고용하거나 사용한 경우

정답   01 ②, ④   02 ③   03 ②   04 ④

05 고용보험법령상 장애인고용촉진 및 직업재활법에 따른 장애인인 갑(45세)은 근무하던 A회사를 퇴사하여 직업안정기관으로부터 구직급여 수급자격을 인정받았다. 피보험기간이 15년인 갑이 받을 수 있는 구직급여의 소정급여일수는?

① 120일 　　　　　　　② 180일
③ 210일 　　　　　　　④ 240일
⑤ 270일

해설 피보험기간과 연령에 따른 소정급여일수(고용보험법 제50조 제1항 관련 [별표 1])

구분		피보험기간(적용사업에 고용된 기간)				
		1년 미만	1년 이상 3년 미만	3년 이상 5년 미만	5년 이상 10년 미만	10년 이상
이직일 현재 연령	50세 미만	120일	150일	180일	210일	240일
	50세 이상	120일	180일	210일	240일	270일

※ 장애인고용촉진 및 직업재활법 제2조 제1호에 따른 장애인은 50세 이상인 것으로 보아 위 표를 적용한다.

06 고용보험법령상 예술인인 피보험자의 구직급여에 관한 내용으로 옳지 않은 것은?

① 이직일 이전 24개월 동안의 피보험 단위기간이 통산하여 9개월 이상일 것을 지급요건으로 한다.
② 이직일 이전 24개월 중 3개월 이상을 예술인인 피보험자로 피보험자격을 유지하였을 것을 지급요건으로 한다.
③ 실업의 신고일로부터 계산하기 시작하여 30일간은 대기기간으로 보아 구직급여를 지급하지 아니한다.
④ 예술인의 구직급여일액은 기초일액에 100분의 60을 곱한 금액으로 한다.
⑤ 예술인의 구직급여일액의 상한액은 6만6천원이다.

해설 ③ 실업의 신고일부터 계산하기 시작하여 **7일간**은 대기기간으로 보아 구직급여를 지급하지 아니한다(고용보험법 제77조의3 제6항 본문).

07 고용보험법령상 육아휴직 급여의 특례에 관한 내용이다. (   )에 들어갈 내용으로 옳은 것은? 〈법 개정으로 문제 일부 수정〉

> 같은 자녀에 대하여 부모가 순차적으로 육아휴직을 하는 경우 두 번째 육아휴직을 한 피보험자의 최초 3개월의 육아휴직 급여는 육아휴직 시작일을 기준으로 한 (ㄱ)으로 한다. 다만, 해당 금액이 (ㄴ)을 넘는 경우에는 (ㄴ)으로 한다.

① ㄱ : 월 통상임금의 100분의 50에 해당하는 금액, ㄴ : 120만원
② ㄱ : 월 통상임금의 100분의 80에 해당하는 금액, ㄴ : 120만원
③ ㄱ : 월 통상임금의 100분의 80에 해당하는 금액, ㄴ : 150만원
④ ㄱ : 월 통상임금에 해당하는 금액, ㄴ : 150만원
⑤ ㄱ : 월 통상임금에 해당하는 금액, ㄴ : 250만원

해설 • 두 번째 육아휴직자에 대한 육아휴직 급여에 관한 한시적 특례(고용보험법 시행령 제95조의2 및 제95조 제1항) 〈개정 2025.8.5.〉
① 2022년 12월 31일까지 같은 자녀에 대하여 피보험자인 부모가 순차적으로 육아휴직을 하는 경우 두 번째 육아휴직을 한 피보험자에게 지급하는 육아휴직 급여의 월별 지급액은 제95조 제1항 각 호의 구분에 따라 산정한 금액으로 한다.
• 육아휴직 시작일부터 3개월까지 : 육아휴직 시작일을 기준으로 한 (**월 통상임금에 해당하는 금액**). 다만, 해당 금액이 (**250만원**)을 넘는 경우에는 (**250만원**)으로 하고, 해당 금액이 70만원보다 적은 경우에는 70만원으로 한다(고용보험법 시행령 제95조 제1항 제1호).

08 **고용보험법령상 피보험자격에 관한 내용으로 옳지 않은 것은?**

① 사업주는 그 사업에 고용된 근로자의 피보험자격 취득에 관한 사항을 신고하려는 경우 그 사유가 발생한 날이 속하는 달의 다음 달 말일까지 고용노동부장관에게 신고해야 한다.
② 사업주가 그 사업에 고용된 근로자의 피보험자격에 관한 사항을 신고하지 아니하면 근로자가 근로계약서 등 고용관계를 증명할 수 있는 서류를 제출하여 신고할 수 있다.
③ 자영업자인 피보험자는 피보험자격의 취득 및 상실에 관한 신고를 하지 아니한다.
④ 근로자가 보험관계가 성립되어 있는 둘 이상의 사업에 동시에 고용되어 있는 경우에는 대통령령으로 정하는 바에 따라 그중 한 사업의 피보험자격을 취득한다.
⑤ 피보험자는 언제든지 고용노동부장관에게 피보험자격의 취득 또는 상실에 관한 확인을 청구할 수 있다.

해설 ① 사업주나 하수급인은 고용노동부장관에게 그 사업에 고용된 근로자의 피보험자격 취득 및 상실에 관한 사항을 신고하려는 경우에는 그 사유가 발생한 날이 속하는 달의 **다음 달 15일까지**(근로자가 그 기일 이전에 신고할 것을 요구하는 경우에는 지체 없이) 신고해야 한다(고용보험법 시행령 제7조 제1항).

정답 05 ⑤ 06 ③ 07 ⑤ 08 ①

09 고용보험법령상 자영업자인 피보험자에 대한 실업급여 적용의 특례에 관한 내용으로 옳은 것은?

① 자영업자인 피보험자의 실업급여의 종류에는 광역 구직활동비가 포함되지 않는다.

② 폐업일 이전 12개월간 자영업자인 피보험자로서 갖춘 피보험 단위기간이 합산하여 6개월이면 구직급여를 지급한다.

③ 자영업자인 피보험자로서 폐업한 수급자격자에 대한 구직급여일액은 그 수급자격자의 기초일액에 100분의 60을 곱한 금액으로 한다.

④ 고용노동부장관은 자영업자의 피보험기간이 3년이면서 보험료 체납횟수가 1회인 경우 실업급여를 지급하지 아니한다.

⑤ 자영업자의 실업급여를 받을 권리는 양도하거나 담보로 제공할 수 있다.

해설 ① 광역 구직활동비가 **포함된다**(고용보험법 제69조의2).

② 폐업일 이전 **24개월간** 자영업자인 피보험자로서 갖춘 피보험 단위기간이 합산하여 **1년 이상**일 것 (동법 제69조의3 제1호)

③ 동법 제69조의5

④ 자영업자 실업급여 지급이 제한되는 보험료 체납횟수(고용보험법 시행규칙 [별표 2의4])

구분		체납 횟수
	1년 이상 ~ 2년 미만	1회
피보험기간	2년 이상 ~ 3년 미만	2회
	3년 이상	3회

⑤ 실업급여를 받을 권리는 양도 또는 압류하거나 담보로 제공할 수 **없다**(동법 제69조의9 제1항).

10 산업재해보상보험법령상 노무제공자의 직종에 해당하지 않는 사람은?

① 한국표준직업분류표의 세분류에 따른 택배원인 사람으로서 소화물을 집화·수송 과정을 거쳐 배송하는 택배사업에서 집화 업무를 하는 사람

② 우체국 예금·보험에 관한 법률에 따른 우체국보험의 모집을 전업으로 하는 사람

③ 한국표준직업분류표의 세분류에 따른 대여 제품 방문 점검원

④ 한국표준직업분류표의 세분류에 따른 가전제품 설치 및 수리원으로서 가전제품을 배송, 설치 및 시운전하여 작동상태를 확인하는 사람

⑤ 신용정보의 이용 및 보호에 관한 법률에 따른 위임직채권추심인

해설 노무제공자의 범위(산업재해보상보험법 시행령 제83조의5)

1. 보험을 모집하는 사람으로서 다음 각 목의 어느 하나에 해당하는 사람
   가. 「보험업법」 제83조 제1항 제1호에 따른 보험설계사
   나. 「새마을금고법」 및 「신용협동조합법」에 따른 공제의 모집을 전업으로 하는 사람
   다. 「우체국예금·보험에 관한 법률」에 따른 우체국보험의 모집을 전업으로 하는 사람
2. 「건설기계관리법」 제3조 제1항에 따라 등록된 건설기계를 직접 운전하는 사람
3. 「통계법」 제22조에 따라 통계청장이 고시하는 직업에 관한 표준분류(이하 "한국표준직업분류
   표"라 한다)의 세분류에 따른 학습·교구 관련 방문강사 등 회원의 가정 등을 직접 방문하여
   아동이나 학생 등을 가르치는 사람
4. 「체육시설의 설치·이용에 관한 법률」 제7조에 따라 직장체육시설로 설치된 골프장 또는 같은
   법 제19조에 따라 체육시설업의 등록을 한 골프장에서 골프경기를 보조하는 골프장 캐디
5. 한국표준직업분류표의 세분류에 따른 택배원 또는 세세분류에 따른 그 외 배달원으로서 다음
   각 목의 어느 하나에 해당하는 사람
   가. 「생활물류서비스산업발전법」 제2조제 6호 가목에 따른 택배서비스종사자로서 집화 또는
       배송(설치를 수반하는 배송을 포함한다) 업무를 하는 사람
   나. 가목 외의 택배사업(소화물을 집화·수송 과정을 거쳐 배송하는 사업을 말한다)에서 집화
       또는 배송 업무를 하는 사람
6. 한국표준직업분류표의 세분류에 따른 늘찬배달원으로서 퀵서비스업의 사업주로부터 업무를 의
   뢰받아 배송 업무를 하는 사람. 다만, 제5호 또는 제14호에 해당하는 사람은 제외한다.
7. 「대부업 등의 등록 및 금융이용자 보호에 관한 법률」 제3조 제1항 단서에 따른 대출모집인
8. 「여신전문금융업법」 제14조의2 제1항 제2호에 따른 신용카드회원 모집인
9. 다음 각 목의 어느 하나에 해당하는 사업자로부터 업무를 의뢰받아 자동차를 운전하는 사람
   가. 대리운전업자(자동차 이용자의 요청에 따라 그 이용자와 동승하여 해당 자동차를 목적지까
       지 운전하는 사업의 사업주를 말한다)
   나. 탁송업자(자동차 이용자의 요청에 따라 그 이용자와 동승하지 않고 해당 자동차를 목적지
       까지 운전하는 사업의 사업주를 말한다)
   다. 대리주차업자(자동차 이용자의 요청에 따라 그 이용자를 대신하여 해당 자동차를 주차하는
       사업의 사업주를 말한다)
10. 「방문판매 등에 관한 법률」 제2조 제2호에 따른 방문판매원 또는 같은 조 제8호에 따른 후원
    방문판매원으로서 방문판매업무를 하는 사람. 다만, 다음 각 목의 어느 하나에 해당하는 경우
    는 제외한다.
    가. 방문판매는 하지 않고 자가 소비만 하는 경우
    나. 제3호 또는 제11호에 해당하는 경우
11. 한국표준직업분류표의 세분류에 따른 대여 제품 방문 점검원
12. 한국표준직업분류표의 세분류에 따른 가전제품 설치 및 수리원으로서 가전제품의 판매를 위한
    배송 업무를 주로 수행하고 가전제품의 설치·시운전 등을 통해 작동상태를 확인하는 사람
13. 「화물자동차 운수사업법」 제2조 제1호에 따른 화물자동차 중 고용노동부령으로 정하는 자동
    차를 운전하는 사람

정답 09 ③ 10 ⑤

14. 「화물자동차 운수사업법」 제2조 제11호에 따른 화물차주로서 다음 각 목의 어느 하나에 해당하는 자동차를 운전하는 사람 및 그 밖에 화물을 운송하기 위하여 다음 각 목의 어느 하나에 해당하는 자동차를 운전하는 사람. 다만, 제5호, 제12호 또는 제13호에 해당하는 사람은 제외한다.

　가. 「자동차관리법」 제3조 제1항 제3호에 따른 화물자동차

　나. 「자동차관리법」 제3조 제1항 제4호에 따른 특수자동차 중 견인형 자동차 또는 특수작업형 사다리차(이사 등을 위하여 높은 건물에 필요한 물건을 올리기 위한 자동차를 말한다)

15. 「소프트웨어 진흥법」 제2조 제3호에 따른 소프트웨어사업에서 노무를 제공하는 같은 조 제10호에 따른 소프트웨어기술자

16. 다음 각 목의 어느 하나에 해당하는 강사

　가. 「초·중등교육법」 제2조에 따른 학교에서 운영하는 방과후학교의 과정을 담당하는 강사

　나. 「유아교육법」 제2조 제2호에 따른 유치원에서 운영하는 같은 조 제6호에 따른 방과후 과정을 담당하는 강사

　다. 「영유아보육법」 제2조 제3호에 따른 어린이집에서 운영하는 같은 법 제29조 제4항에 따른 특별활동프로그램을 담당하는 강사

17. 「관광진흥법」 제38조 제1항 단서에 따른 관광통역안내의 자격을 가진 사람으로서 외국인 관광객을 대상으로 관광안내를 하는 사람

18. 「도로교통법」 제2조 제23호에 따른 어린이통학버스를 운전하는 사람

---

11 산업재해보상보험법령상 업무상질병판정위원회에 관한 내용으로 옳지 않은 것은?

① 한의사는 업무상질병판정위원회의 위원이 될 수 있다.

② 업무상질병판정위원회의 위원장과 위원의 임기는 2년으로 하되, 연임할 수 있다.

③ 이황화탄소 중독증은 업무상질병판정위원회의 심의에서 제외되는 질병에 해당한다.

④ 업무상질병판정위원회는 부득이한 사유로 심의를 의뢰받은 날부터 60일 이내에 심의를 마칠 수 없으면 20일 단위로 두 차례 연장할 수 있다.

⑤ 업무상질병판정위원회의 원활한 운영을 위하여 필요하면 위원장이 지명하는 위원이 회의를 주재할 수 있다.

해설 ④ 업무상질병판정위원회는 심의를 의뢰받은 날부터 **20일 이내**에 업무상 질병으로 인정되는지를 심의하여 그 결과를 심의를 의뢰한 소속 기관의 장에게 알려야 한다. 다만, 부득이한 사유로 그 기간 내에 심의를 마칠 수 없으면 **10일을 넘지 않는 범위에서 한 차례만** 그 기간을 연장할 수 있다(산업재해보상보험법 시행규칙 제8조 제2항).

12 산업재해보상보험법령상 보험급여에 관한 내용으로 옳지 않은 것은?

① 장해보상연금의 수급권자가 재요양을 받는 경우에도 그 연금의 지급을 정지하지 아니한다.

② 진폐유족연금의 지급은 그 지급사유가 발생한 달의 다음 달 첫날부터 시작된다.

③ 유족보상연금 수급자격자인 손자녀 25세, 형제자매가 19세가 된 때에는 그 자격을 잃는다.

④ 요양급여를 받는 근로자가 요양을 시작한 지 1년이 지난 이후에 취업하지 못하면 휴업급여 대신 상병보상연금을 그 근로자에게 지급한다.

⑤ 장해보상연금은 그 지급을 정지할 사유가 발생한 때에는 그 사유가 발생한 달의 다음 달 첫날부터 그 사유가 소멸한 달의 말일까지 지급하지 아니한다.

해설 ④ 상병보상연금(산업재해보상보험법 제66조 제1항)

요양급여를 받는 근로자가 요양을 시작한 지 **2년**이 지난 날 이후에 다음 각 호의 요건 모두에 해당하는 상태가 계속되면 휴업급여 대신 상병보상연금을 그 근로자에게 지급한다.

1. 그 부상이나 질병이 치유되지 아니한 상태일 것
2. 그 부상이나 질병에 따른 중증요양상태의 정도가 대통령령으로 정하는 중증요양상태등급 기준에 해당할 것
3. 요양으로 인하여 취업하지 못하였을 것

③ 자격상실에 해당한다.

유족보상연금 수급자격자의 자격상실(산업재해보상보험법 제64조 제1항)

① 사망
② 재혼
③ 친족 관계 종료
④ 자녀 또는 손자녀가 25세가 된 때
⑤ 형제자매가 19세가 된 때
⑥ 장애인이었던 사람이 그 장애 상태가 해소된 경우
⑦ 근로자가 사망할 당시 대한민국 국민이었던 수급자격자가 국적을 상실하고 외국에서 거주하고 있거나 거주하기 위하여 출국하는 경우
⑧ 대한민국 국민이 아닌 수급자격자가 외국에서 거주하기 위하여 출국하는 경우

정답 11 ④ 12 ④

13 산업재해보상보험법령상 진폐에 따른 보험급여의 종류에 해당하는 것을 모두 고른 것은?

> ㄱ. 요양급여 ㄴ. 휴업급여 ㄷ. 장해급여
> ㄹ. 간병급여 ㅁ. 유족급여

① ㄱ, ㄹ
② ㄱ, ㄴ, ㅁ
③ ㄴ, ㄹ, ㅁ
④ ㄴ, ㄷ, ㄹ, ㅁ
⑤ ㄱ, ㄴ, ㄷ, ㄹ, ㅁ

해설 보험급여의 종류와 산정 기준 등(산업재해보상보험법 제36조)

① 보험급여의 종류는 다음 각 호와 같다. 다만, **진폐에 따른 보험급여의 종류**는 제1호의 **요양급여**, 제4호의 **간병급여**, 제7호의 장례비, 제8호의 직업재활급여, 제91조의3에 따른 진폐보상연금 및 제91조의4에 따른 진폐유족연금으로 하고, 제91조의12에 따른 건강손상자녀에 대한 보험급여의 종류는 제1호의 요양급여, 제3호의 장해급여, 제4호의 간병급여, 제7호의 장례비, 제8호의 직업재활급여로 한다.

1. 요양급여
2. 휴업급여
3. 장해급여
4. 간병급여
5. 유족급여
6. 상병(傷病)보상연금
7. 장례비
8. 직업재활급여

14 산업재해보상보험법령상 과태료 부과 대상이 되는 자는?

① 근로복지공단의 임직원이나 그 직에 있었던 사람이 그 직무상 알게 된 비밀을 누설한 자
② 산재보험 의료기관의 종사자로서 거짓이나 그 밖의 부정한 방법으로 진료비를 지급받은 자
③ 거짓이나 그 밖의 부정한 방법으로 보험급여를 받도록 시키거나 도와준 자
④ 근로복지공단이 아닌 자가 근로복지공단과 비슷한 명칭을 사용한 자
⑤ 근로자가 보험급여를 신청한 것을 이유로 근로자를 해고한 사업주

해설 ④ 제34조(유사명칭의 사용금지)를 위반하여 근로복지공단 또는 이와 비슷한 명칭을 사용한 자는 200만원 이하의 과태료를 부과한다(산업재해보상보험법 제129조 제2항 제1호).

15 산업재해보상보험법령상 간병 및 이송에 관한 내용으로 옳지 않은 것은?

① 요양 중인 근로자가 회복실에서 요양 중인 경우 그 기간에는 별도의 간병을 제공하지 않는다.

② 간병은 요양 중인 근로자의 부상·질병 상태가 의학적으로 다른 사람의 간병이 필요하다고 인정되는 경우로서 신체 표면 면적의 35퍼센트 이상에 걸친 화상을 입어 수시로 적절한 조치를 할 필요가 있는 사람에게 제공한다.

③ 해당 근로자의 13세 이상의 자녀 또는 형제자매도 간병을 할 수 있는 사람이다.

④ 간병의 대상이 되는 근로자의 부상·질병 상태 등이 전문적인 간병을 필요로 하는 경우에는 간호법에 따른 간호사만 간병을 하도록 할 수 있다.

⑤ 해당 근로자의 부상·질병 상태로 보아 이송 시 간호인의 동행이 필요하다고 인정되는 경우에는 간호인 1명이 동행할 수 있으나, 의학적으로 특별히 필요하다고 인정되는 경우에는 2명까지 동행할 수 있다.

해설 ④ 간병의 대상이 되는 근로자의 부상·질병 상태 등이 전문적인 간병을 필요로 하는 경우에는 <u>제1항 제1호(간호법에 따른 간호사 또는 간호조무사) 또는 제2호(노인복지법 제39조의2에 따른 요양보호사 등 공단이 인정하는 간병교육을 받은 사람)</u>에 따른 사람만 간병을 하도록 할 수 있다(산업재해보상보험법 시행규칙 제12조 제2항).

16 국민연금법령상 노령연금 수급권자에 관한 내용이다. (   )에 들어갈 숫자의 합은?

> 국민연금 가입기간이 (   )년 이상인 가입자 또는 가입자였던 자 중 특수직종근로자는 (   )세가 된 때부터 그가 생존하는 동안 노령연금을 지급한다.

① 55 　　　　　　　② 60
③ 65 　　　　　　　④ 70
⑤ 75

해설 노령연금 수급권자(국민연금법 제61조)
① 가입기간이 (<u>10</u>)년 이상인 가입자 또는 가입자였던 자에 대하여는 60세[특수직종근로자는 (<u>55</u>)세]가 된 때부터 그가 생존하는 동안 노령연금을 지급한다.

17 국민연금법령에 관한 내용으로 옳지 않은 것은?

① 국민기초생활 보장법에 따른 생계급여 수급자는 지역가입자에서 제외된다.

② 지역가입자가 국적을 상실한 때에는 그에 해당하게 된 날에 그 자격을 상실한다.

③ 지역가입자가 사업장가입자의 자격을 취득한 때에는 그에 해당하게 된 날에 그 자격을 상실한다.

④ 임의가입자는 가입 신청이 수리된 날에 자격을 취득한다.

⑤ 사립학교교직원 연금법을 적용받는 사립학교 교직원은 국민연금 가입대상에서 제외된다.

> **해설** ② 국적을 상실하거나 국외로 이주한 날의 **다음 날**에 자격을 상실한다(국민연금법 제12조 제2항 제2호).

18 국민건강보험법령상 일반건강검진의 대상이 아닌 자는?

① 직장가입자　　　　　　　　　　② 6세 미만의 피부양자

③ 20세 이상인 지역가입자　　　　④ 20세 이상인 피부양자

⑤ 세대주인 지역가입자

> **해설** 건강검진(국민건강보험법 제52조)
> ① 공단은 가입자와 피부양자에 대하여 질병의 조기 발견과 그에 따른 요양급여를 하기 위하여 건강검진을 실시한다.
> ② 제1항에 따른 건강검진의 종류 및 대상은 다음 각 호와 같다.
> 　1. 일반건강검진 : 직장가입자, 세대주인 지역가입자, 20세 이상인 지역가입자 및 20세 이상인 피부양자
> 　2. 암검진 : 「암관리법」 제11조 제2항에 따른 암의 종류별 검진주기와 연령기준 등에 해당하는 사람
> 　3. 영유아건강검진 : 6세 미만의 가입자 및 피부양자

19 국민건강보험법령상 보험가입자의 자격 상실 시기로 옳은 것을 모두 고른 것은?

> ㄱ. 사망한 날
> ㄴ. 국적을 잃은 날
> ㄷ. 국내에 거주하지 아니하게 된 날
> ㄹ. 직장가입자의 피부양자가 된 날

① ㄹ　　　　　　　　　　　　　　② ㄱ, ㄷ

③ ㄱ, ㄴ, ㄷ　　　　　　　　　　④ ㄴ, ㄷ, ㄹ

⑤ ㄱ, ㄴ, ㄷ, ㄹ

해설 자격의 상실 시기 등(국민건강보험법 제10조)

① 가입자는 다음 각 호의 어느 하나에 해당하게 된 날에 그 자격을 잃는다.

1. 사망한 날의 **다음 날**
2. 국적을 잃은 날의 **다음 날**
3. 국내에 거주하지 아니하게 된 날의 **다음 날**
4. **직장가입자의 피부양자가 된 날**
5. 수급권자가 된 날
6. 건강보험을 적용받고 있던 사람이 유공자등 의료보호대상자가 되어 건강보험의 적용배제신청을 한 날

20 고용보험 및 산업재해보상보험의 보험료 징수 등에 관한 법령상 보험료의 부과 및 징수에 관한 내용으로 옳은 것은?

① 건설업 중 건설장비운영업은 보험료의 월별 부과·징수 제외대상 사업에 해당한다.
② 임업 중 벌목업은 보험료의 월별 부과·징수 대상 사업에 해당한다.
③ 근로복지공단은 사업주에게 납부기한 20일 전까지 월별보험료의 납입을 고지하여야 한다.
④ 장애인고용촉진 및 직업재활법상 장애인인 보험가입자의 보험료는 근로복지공단이 매월 부과하고, 한국장애인고용공단이 이를 징수한다.
⑤ 제조업의 보험료는 근로복지공단이 매월 부과하고, 국민건강보험공단이 이를 징수한다.

해설 ⑤ 보험료는 **근로복지공단이 매월 부과**하고, **건강보험공단이 이를 징수**한다(고용산재보험료징수법 제16조의2 제1항).

① 건설업 중 **건설장비운영업은 월별 부과·징수 제외대상 사업에서 제외**한다(동법 시행령 제19조의2 제1호).
② 임업 중 벌목업은 보험료의 월별 부과·징수 **제외대상 사업**에 해당한다(동법 시행령 제19조의2 제2호).
③ 근로복지공단은 사업주에게 납부기한 **10일 전까지** 월별보험료의 납입을 고지하여야 한다(동법 제16조의8 제1항).
④ 장애인고용촉진 및 직업재활법상 장애인인 보험가입자의 보험료는 근로복지공단이 매월 부과하고, **국민건강보험공단**이 이를 징수한다(동법 제16조의2 제1항).

정답   17 ②   18 ②   19 ①   20 ⑤

21 고용보험 및 산업재해보상보험의 보험료 징수 등에 관한 법령상 보험료의 납부 등에 관한 내용으로 옳지 않은 것은?

① 법인이 합병한 경우에 합병 후 존속하는 법인은 합병으로 소멸된 법인이 내야 하는 보험료를 낼 의무를 진다.

② 근로복지공단은 사업주가 국세를 체납하여 체납처분을 받은 경우에는 보험료와 이 법에 따른 징수금 총액이 300만원 미만이면 납부기한 전이라도 즉시 보험료를 징수하여야 한다.

③ 국민건강보험공단은 소멸시효가 완성된 경우에는 고용노동부장관의 승인을 받아 보험료와 이 법에 따른 그 밖의 징수금을 결손처분할 수 있다.

④ 공동사업에 관계되는 보험료, 이 법에 따른 그 밖의 징수금과 체납처분비는 공동사업자가 연대하여 낼 의무를 진다.

⑤ 상속이 개시된 때에 그 상속인은 피상속인에게 부과되거나 피상속인이 내야 하는 보험료를 상속받은 재산의 한도에서 낼 의무를 진다.

> **해설** ② 공단 또는 건강보험공단은 사업주에게 납부기한 전이라도 이미 납부의무가 확정된 보험료, 이 법에 따른 그 밖의 징수금을 징수할 수 있다. 다만, 보험료와 이 법에 따른 그 밖의 징수금의 총액이 **500만원 미만인 경우에는 그러하지 아니하다**(고용산재보험료징수법 제27조의2 제1항).

22 고용보험 및 산업재해보상보험의 보험료 징수 등에 관한 법령상 보험관계의 성립일 또는 소멸일에 관한 내용으로 옳지 않은 것은?

① 사업이 폐업되거나 끝난 날의 다음 날에 소멸한다.

② 일괄적용을 받는 사업의 경우에는 처음 하는 사업이 시작된 날에 성립한다.

③ 근로복지공단이 계속하여 보험관계를 유지할 수 없다고 인정하여 그 보험관계를 소멸시키는 경우에는 그 소멸을 결정·통지한 날의 다음 날에 소멸한다.

④ 근로복지공단의 승인을 얻어 가입한 보험계약을 해지하는 경우에는 그 해지에 관하여 근로복지공단의 승인을 받은 날의 다음 날에 소멸한다.

⑤ 보험에 가입한 하수급인의 경우에는 그 하도급공사의 착공일의 다음 날에 성립한다.

> **해설** ⑤ 보험에 가입한 하수급인의 경우에는 그 하도급공사의 **착공일에 성립**한다(고용산재보험료징수법 제7조 제5호).

23 고용보험 및 산업재해보상보험의 보험료 징수 등에 관한 법령상 사업주는 보험에 가입된 사업에 변경 사항이 있으면 그 변경된 날부터 14일 이내에 근로복지공단에 그 변경사항을 신고하여야 한다. 변경신고 사항에 해당하는 것을 모두 고른 것은?

> ㄱ. 사업주의 이름 및 주민등록번호
> ㄴ. 사업의 종류
> ㄷ. 사업의 명칭 및 소재지
> ㄹ. 사업자등록번호

① ㄱ, ㄴ
② ㄴ, ㄷ
③ ㄱ, ㄴ, ㄹ
④ ㄱ, ㄷ, ㄹ
⑤ ㄱ, ㄴ, ㄷ, ㄹ

해설 보험관계의 변경신고(고용산재보험료징수법 시행령 제9조)

법 제12조에 따라 사업주는 보험에 가입된 사업에 다음 각 호의 사항이 변경되면 그 변경된 날부터 14일 이내에 공단에 신고해야 한다. 다만, 제6호는 다음 보험연도 첫날부터 14일 이내에 신고해야 한다.
1. 사업주(법인인 경우에는 대표자)의 이름 및 주민등록번호
2. 사업의 명칭 및 소재지
3. 사업의 종류
4. 사업자등록번호(법인인 경우에는 법인등록번호를 포함한다)
5. 건설공사 또는 벌목업 등 기간의 정함이 있는 사업의 경우 사업의 기간
6. 「고용보험법 시행령」 제12조에 따른 우선지원 대상기업의 해당 여부에 변경이 있는 경우 상시 근로자수

정답 21 ② 22 ⑤ 23 ⑤

24 고용보험 및 산업재해보상보험의 보험료 징수 등에 관한 법령상 국가·지방자치단체가 직접 하는 사업의 고용안정·직업능력개발사업의 보험료율은?

① 1만분의 25   ② 1만분의 45
③ 1만분의 65   ④ 1만분의 85
⑤ 1천분의 16

해설 **고용보험료율(고용산재보험료징수법 시행령 제12조)**
① 법 제14조 제1항에 따른 고용보험료율은 다음 각 호와 같다.
1. 고용안정·직업능력개발사업의 보험료율 : 다음 각 목의 구분에 따른 보험료율
가. 상시근로자수가 150명 미만인 사업주의 사업 : 1만분의 25
나. 상시근로자수가 150명 이상인 사업주의 사업으로서 우선지원 대상기업의 범위에 해당하는 사업 : 1만분의 45
다. 상시근로자수가 150명 이상 1천명 미만인 사업주의 사업으로서 나목에 해당하지 않는 사업 : 1만분의 65
라. 상시근로자수가 1천명 이상인 사업주의 사업으로서 나목에 해당하지 않는 사업 및 **국가·지방자치단체가 직접 하는 사업 : 1만분의 85**

25 고용보험 및 산업재해보상보험의 보험료 징수 등에 관한 법령상 소멸시효에 관한 내용으로 옳지 않은 것은?

① 월별보험료의 고지로 중단된 소멸시효는 월별보험료를 고지한 날부터 새로 진행한다.
② 소멸시효에 관하여는 이 법에 규정된 것을 제외하고는 민법에 따른다.
③ 징수금의 독촉에 따라 중단된 소멸시효는 독촉에 의한 납부기한이 지난 때부터 새로 진행한다.
④ 이 법에 따른 그 밖의 징수금을 징수할 수 있는 권리는 3년간 행사하지 아니하면 시효로 인하여 소멸한다.
⑤ 이 법에 따른 체납처분 절차에 따라 하는 교부청구로 중단된 소멸시효는 교부청구 중의 기간이 지난 때부터 새로 진행한다.

해설 ① 고지한 월별보험료의 **납부기한이 지난 때부터 새로 진행**한다(고용산재보험료징수법 제42조 제2항 제1호).

01 사회보장기본법에 관한 설명으로 옳은 것은?

① 사회보장수급권은 다른 사람에게 양도하거나 담보로 제공할 수 있으며, 이를 압류할 수 있다.

② 국내에 거주하는 외국인에게 사회보장제도를 적용할 때에는 상호주의에 따르되, 관계 법령에서 정하는 바에 따른다.

③ 사회보장수급권의 포기는 원칙적으로 취소할 수 없다.

④ 국가는 사회보장제도의 안정적인 운영을 위하여 중장기 사회보장 재정추계를 2년마다 실시한다.

⑤ 공공부조란 국민에게 발생하는 사회적 위험을 보험의 방식으로 대처함으로써 국민의 건강과 소득을 보장하는 제도를 말한다.

해설 ② 국내에 거주하는 외국인에게 사회보장제도를 적용할 때에는 상호주의의 원칙에 따르되, 관계 법령에서 정하는 바에 따른다(사회보장기본법 제8조).

① 사회보장수급권은 다른 사람에게 양도하거나 담보로 제공할 수 **없**으며, 이를 압류할 수 **없**다(동법 제12조).

③ 사회보장수급권의 포기는 취소할 수 **있**다(동법 제14조 제2항).

④ 보건복지부장관은 사회보장제도의 안정적인 운영을 위하여 중장기 사회보장 재정추계를 적어도 **3년**마다 실시하고 이를 공표하여야 한다(동법 제30조의3 제1항).

⑤ "**사회보험**"이란 국민에게 발생하는 사회적 위험을 보험의 방식으로 대처함으로써 국민의 건강과 소득을 보장하는 제도를 말한다(동법 제3조 제2호).

정답 01 ②

02 **사회보장기본법상 사회보장 기본계획에 관한 설명으로 옳지 않은 것은?**

① 사회보장 기본계획은 사회보장위원회와 국무회의의 심의를 거쳐 확정한다.

② 다른 법령에 따라 수립되는 사회보장에 관한 계획은 사회보장 기본계획에 우선한다.

③ 보건복지부장관은 관계 중앙행정기관의 장과 협의하여 사회보장 증진을 위하여 사회보장에 관한 기본계획을 5년마다 수립하여야 한다.

④ 사회보장 기본계획에는 사회보장 전달체계가 포함되어야 한다.

⑤ 보건복지부장관 및 관계 중앙행정기관의 장은 사회보장 기본계획에 따라 사회보장과 관련된 소관 주요 시책의 시행계획을 매년 수립·시행하여야 한다.

해설 ② 기본계획은 다른 법령에 따라 수립되는 사회보장에 관한 계획에 우선하며 그 계획의 기본이 된다(사회보장기본법 제17조).

03 **사회보장기본법령상 사회보장위원회에 관한 설명으로 옳지 않은 것은?**

① 국무총리 소속으로 둔다.

② 부위원장은 기획재정부장관, 교육부장관 및 보건복지부장관이 된다.

③ 보궐위원의 임기는 전임자 임기의 남은 기간으로 한다.

④ 사무처리를 위한 사무국은 보건복지부에 둔다.

⑤ 심의사항을 전문적으로 검토하기 위하여 전문위원회를 두며, 전문위원회에 분야별 실무위원회를 둔다.

해설 ⑤ 위원회를 효율적으로 운영하고 위원회의 심의·조정사항을 전문적으로 검토하기 위하여 위원회에 실무위원회를 두며, 실무위원회에 분야별 전문위원회를 둘 수 있다(사회보장기본법 제21조 제6항).

04 고용보험법상 구직급여에 관한 설명으로 옳지 않은 것은?

① 피보험 단위기간을 계산할 때, 최후로 피보험자격을 취득한 날 이전에 구직급여를 받은 사실이 있는 경우에는 그 구직급여와 관련된 피보험자격 상실일 이전의 피보험 단위기간은 산입한다.

② 최종 이직 당시 건설일용근로자였던 피보험자가 구직급여를 받으려는 경우에는 건설일용근로자로서 수급자격 인정신청일 이전 14일간 연속하여 근로내역이 없어야 한다.

③ 구직급여를 지급받으려는 자는 이직 후 지체 없이 직업안정기관에 출석하여 실업을 신고하여야 하나 재난으로 출석하기 어려운 경우에는 고용정보시스템을 통하여 신고할 수 있다.

④ 직업안정기관의 장은 필요하다고 인정하면 수급자격자의 실업인정대상기간 중의 취업사실에 대하여 조사할 수 있다.

⑤ 수급자격자가 질병이나 부상으로 직업안정기관에 출석할 수 없었던 경우로서 그 기간이 계속하여 7일 미만인 경우에는 직업안정기관에 출석할 수 없었던 사유를 적은 증명서를 제출하여 실업의 인정을 받을 수 있다.

해설 ① 피보험 단위기간을 계산할 때에는 최후로 피보험자격을 취득한 날 이전에 구직급여를 받은 사실이 있는 경우에는 그 구직급여와 관련된 피보험자격 상실일 이전의 **피보험 단위기간은 넣지 아니**한다(고용보험법 제41조 제2항).

05 고용보험법령상 고용조정의 지원에 관한 내용이다. (　　)에 들어갈 내용으로 옳은 것은?

> 고용노동부장관은 경기의 변동, 산업구조의 변화 등에 따른 사업 규모의 축소, 사업의 폐업 또는 전환으로 고용조정이 불가피하게 된 사업주가 근로자에 대한 휴업, 휴직, 직업전환에 필요한 직업능력개발 훈련, 인력의 재배치 등을 실시하거나 그 밖에 근로자의 고용안정을 위한 조치를 하면 대통령령으로 정하는 바에 따라 그 사업주에게 필요한 지원을 할 수 있다. 이 경우 휴업이나 휴직 등 고용안정을 위한 조치로 근로자의 임금이 평균임금의 100분의 (　　) 미만(지급되는 임금이 없는 경우를 포함한다)으로 감소할 때에는 대통령령으로 정하는 바에 따라 그 근로자에게도 필요한 지원을 할 수 있다.

① 30　　　　　　　　　　② 40
③ 50　　　　　　　　　　④ 60
⑤ 70

해설 ③ 법 제21조 제1항 후단에서 "대통령령으로 정하는 수준"이란 평균임금의 100분의 (50) 미만(지급되는 임금이 없는 경우를 포함한다)을 말한다(고용보험법 시행령 제21조의2).

정답 ▶ 02 ② 03 ⑤ 04 ① 05 ③

06 고용보험법령상 육아휴직 급여 신청기간의 연장사유가 아닌 것은?

① 천재지변
② 배우자의 질병·부상
③ 「병역법」에 따른 의무복무
④ 범죄혐의로 인한 구속
⑤ 배우자의 국외발령 등에 따른 동거 목적의 거소 이전

> **해설** 육아휴직 급여 신청기간의 연장 사유(고용보험법 시행령 제94조)
>
> 법 제70조 제2항 단서에서 "대통령령으로 정하는 사유"란 다음 각 호의 어느 하나에 해당하는 사유를 말한다.
> 1. 천재지변
> 2. 본인이나 배우자의 질병·부상
> 3. 본인이나 배우자의 직계존속 및 직계비속의 질병·부상
> 4. 「병역법」에 따른 의무복무
> 5. 범죄혐의로 인한 구속이나 형의 집행

07 고용보험법상의 취업촉진 수당에 해당하지 않는 것은?

① 이주비
② 직업능력개발 수당
③ 구직급여
④ 광역 구직활동비
⑤ 조기(早期)재취업 수당

> **해설** 실업급여의 종류(고용보험법 제37조)
>
> ① 실업급여는 구직급여와 취업촉진 수당으로 구분한다.
> ② 취업촉진 수당의 종류는 다음 각 호와 같다.
> 1. 조기(早期)재취업 수당
> 2. 직업능력개발 수당
> 3. 광역 구직활동비
> 4. 이주비

08 고용보험법상 고용보험위원회에 관한 설명으로 옳은 것은?

① 근로복지공단에 고용보험위원회를 둔다.
② 심의 사항을 사전에 검토·조정하기 위하여 실무위원회를 둔다.
③ 위원장 1명을 포함한 15명 이내의 위원으로 구성한다.
④ 위원장은 고용노동부장관이 된다.
⑤ 심의사항에는 보험제도 및 보험사업의 개선에 관한 사항이 포함된다.

해설 ⑤ 보험제도 및 보험사업의 개선은 고용보험위원회의 심의사항에 해당한다.

고용보험위원회(고용보험법 제7조 제2항)
② 위원회는 다음 각 호의 사항을 심의한다.
  1. **보험제도 및 보험사업의 개선에 관한 사항**
  2. 고용산재보험료징수법에 따른 보험료율의 결정에 관한 사항
  3. 제11조의2에 따른 보험사업의 평가에 관한 사항
  4. 제81조에 따른 기금운용 계획의 수립 및 기금의 운용 결과에 관한 사항
  5. 그 밖에 위원장이 보험제도 및 보험사업과 관련하여 위원회의 심의가 필요하다고 인정하는
     사항

① **고용노동부**에 고용보험위원회를 둔다(고용보험법 제7조 제1항).
② 심의 사항을 사전에 검토·조정하기 위하여 위원회에 **전문위원회를 둘 수 있다**(동법 제7조 제5항).
③ 위원장 1명을 포함한 **20명** 이내의 위원으로 구성한다(동법 제7조 제3항).
④ 위원장은 **고용노동부차관**이 된다(동법 제7조 제4항).

09 고용보험법령상 고용보험법이 적용되지 않는 것을 모두 고른 것은?

> ㄱ. 「주택법」 제4조에 따른 주택건설업자가 시공하는 공사
> ㄴ. 가구 내 고용활동 및 달리 분류되지 아니한 자가소비 생산활동
> ㄷ. 농업·임업 및 어업 중 법인이 아닌 자가 상시 4명 이하의 근로자를 사용하는 사업

① ㄱ
② ㄱ, ㄴ
③ ㄱ, ㄷ
④ ㄴ, ㄷ
⑤ ㄱ, ㄴ, ㄷ

[해설] ㄴ. 고용노동법 시행령 제1조 제1항 제3호
ㄷ. 동법 시행령 제3조 제3항 제2호
ㄱ. 주택건설업자가 시공하는 공사는 고용보험법 적용제외 대상에서 제외된다.

적용 범위(고용노동법 시행령 제2조)

① 법 제8조 제1항 단서에서 "대통령령으로 정하는 사업"이란 다음 각 호의 어느 하나에 해당하는 사업을 말한다.

　1. 삭제

　2. 다음 각 목의 어느 하나에 해당하는 공사. 다만, 법 제15조 제2항 각 호에 해당하는 자가 시공하는 공사는 제외한다.

　　가. 「고용보험 및 산업재해보상보험의 보험료징수 등에 관한 법률 시행령」 제2조 제1항 제2호에 따른 총공사금액(이하 이 조에서 "총공사금액"이라 한다)이 2천만원 미만인 공사

　　나. 연면적이 100제곱미터 이하인 건축물의 건축 또는 연면적이 200제곱미터 이하인 건축물의 대수선에 관한 공사

　3. 가구 내 고용활동 및 달리 분류되지 아니한 자가소비 생산활동

피보험자격에 관한 신고 등(고용보험법 제15조)

② 고용산재보험료징수법 제9조에 따라 원수급인(元受給人)이 사업주로 된 경우에 그 사업에 종사하는 근로자 중 원수급인이 고용하는 근로자 외의 근로자에 대하여는 그 근로자를 고용하는 다음 각 호의 하수급인(下受給人)이 제1항에 따른 신고를 하여야 한다. 이 경우 원수급인은 고용노동부령으로 정하는 바에 따라 하수급인에 관한 자료를 고용노동부장관에게 제출하여야 한다.

　1. 「건설산업기본법」 제2조 제7호에 따른 건설사업자

　2. 「주택법」 제4조에 따른 주택건설사업자

　3. 「전기공사업법」 제2조 제3호에 따른 공사업자

　4. 「정보통신공사업법」 제2조 제4호에 따른 정보통신공사업자

　5. 「소방시설공사업법」 제2조 제1항 제2호에 따른 소방시설업자

　6. 「국가유산 수리 등에 관한 법률」 제14조에 따른 국가유산수리업자

10　**고용보험법령상 구직급여와 관련한 내용이다. (　　)에 들어갈 내용으로 옳은 것은?**

> • 훈련연장급여의 지급 기간은 (ㄱ)년을 한도로 한다.
> • 개별연장급여는 (ㄴ)일의 범위에서 대통령령으로 정하는 기간 동안 지급한다.

① ㄱ : 1, ㄴ : 60　　　　　　② ㄱ : 1, ㄴ : 90
③ ㄱ : 2, ㄴ : 60　　　　　　④ ㄱ : 2, ㄴ : 90
⑤ ㄱ : 3, ㄴ : 60

[해설] • 훈련연장급여의 지급 기간은 (2)년을 한도로 한다(고용보험법 제51조 제2항 및 영 제72조).
　　　• 개별연장급여는 (60)일의 범위에서 대통령령으로 정하는 기간 동안 지급한다(동법 제52조 제2항).

11 산업재해보상보험법상 심사청구 및 재심사청구에 관한 설명으로 옳은 것은?

① 재심사위원회의 재결은 근로복지공단을 기속하지 아니한다.

② 재심사위원회 위원(당연직위원은 제외)의 임기는 2년으로 하되 연임할 수 없다.

③ 보험급여에 관한 결정에 대해서는 「행정심판법」에 따른 행정심판을 제기할 수 있다.

④ 재심사위원회의 위원장 및 위원은 고용노동부장관이 임명한다.

⑤ 재심사청구의 제기는 시효의 중단에 관하여 「민법」 제168조에 따른 재판상의 청구로 본다.

> **해설** ⑤ 재심사청구의 제기는 시효의 중단에 관하여 「민법」 제168조에 따른 재판상의 청구로 본다(산업재해보상보험법 제111조 제1항).
> ① 재심사위원회의 재결은 근로복지공단을 **기속한다**(동법 제109조 제2항).
> ② 재심사위원회 위원(당연직위원은 제외)의 임기는 **3년**으로 하되 **연임할 수 있다**(동법 제107조 제7항).
> ③ 보험급여에 관한 결정에 대해서는 「행정심판법」에 따른 행정심판을 제기할 수 **없다**(동법 제103조 제5항).
> ④ 재심사위원회의 위원장 및 위원은 고용노동부장관의 제청으로 **대통령이 임명**한다(동법 제107조 제5항).

12 산업재해보상보험법상 진폐에 따른 보험급여의 특례에 관한 설명으로 옳지 않은 것은?

① 고용노동부에 진폐심사회의를 둔다.

② 진폐보상연금은 진폐장해등급별 진폐장해연금과 기초연금을 합산한 금액으로 한다.

③ 진폐유족연금은 사망 당시 진폐근로자에게 지급하고 있거나 지급하기로 결정된 진폐보상연금과 같은 금액으로 하되 유족보상연금을 초과할 수 없다.

④ 근로복지공단은 근로자가 진폐에 대한 요양급여를 청구하면 「진폐의 예방과 진폐근로자의 보호 등에 관한 법률」에 따른 건강진단기관에 진폐판정에 필요한 진단을 의뢰하여야 한다.

⑤ 장해보상연금을 받고 있는 사람에게는 진폐에 대한 진단을 받는 경우 진단수당을 지급하지 아니한다.

> **해설** ① 진단결과에 대하여 진폐병형 및 합병증 등을 심사하기 위하여 **공단에** 관계 전문가 등으로 구성된 진폐심사회의를 둔다(산업재해보상보험법 제91조의7 제1항).

13 산업재해보상보험법령상 휴업급여에 관한 설명으로 옳은 것은?

① 일당 지급액은 평균임금의 100분의 70에 상당하는 금액으로 하며 취업하지 못한 기간이 5일 이내이면 지급하지 아니한다.

② 요양을 받고 있는 근로자가 그 요양기간 중 단시간 취업을 하는 경우에는 취업한 시간에 해당하는 그 근로자의 평균임금에서 취업한 시간에 대한 임금을 뺀 금액의 100분의 70에 상당하는 금액을 지급할 수 있다.

③ 휴업급여를 받는 근로자가 60세가 되면 그 이후의 휴업급여는 감액하여 지급한다.

④ 재요양을 받는 사람에 대하여는 재요양 당시의 임금을 기준으로 산정한 평균임금의 100분의 90에 상당하는 금액을 1일당 휴업급여 지급액으로 한다.

⑤ 재요양을 받는 사람에 대하여 산정한 1일당 휴업급여 지급액이 최저임금액보다 적으면 최저임금액을 1일당 휴업급여 지급액으로 한다.

해설 ⑤ 산정한 1일당 휴업급여 지급액이 최저임금액보다 적거나 재요양 당시 평균임금 산정의 대상이 되는 임금이 없으면 최저임금액을 1일당 휴업급여 지급액으로 한다(산업재해보상보험법 제56조 제2항).

① 1일당 지급액은 평균임금의 100분의 70에 상당하는 금액으로 하며 취업하지 못한 기간이 **3일 이내**이면 지급하지 아니한다(동법 제52조).

② 요양을 받고 있는 근로자가 그 요양기간 중 단시간 취업을 하는 경우에는 **취업한 날**에 해당하는 그 근로자의 평균임금에서 **취업한 날**에 대한 임금을 뺀 금액의 **100분의 80**에 상당하는 금액을 지급할 수 있다(동법 제53조 제1항 전단).

③ 휴업급여를 받는 근로자가 **61세**가 되면 그 이후의 휴업급여는 감액하여 지급한다(동법 제55조).

④ 재요양을 받는 사람에 대하여는 재요양 당시의 임금을 기준으로 산정한 평균임금의 **100분의 70**에 상당하는 금액을 1일당 휴업급여 지급액으로 한다(동법 제56조 제1항).

14 산업재해보상보험법령에 따른 업무상 재해에 해당하는 것을 모두 고른 것은?

> ㄱ. 업무수행 과정에서 하는 용변 등 생리적 필요 행위를 하던 중에 발생한 사고
> ㄴ. 통상적인 경로와 방법으로 출퇴근하는 중 일상생활에 필요한 용품을 구입하기 위한 출퇴근 경로 일탈 중의 사고
> ㄷ. 사업주가 제공한 시설물 등을 사업주의 구체적인 지시를 위반하여 이용한 행위로 발생한 사고
> ㄹ. 직장 내 괴롭힘 등으로 인한 업무상 정신적 스트레스가 원인이 되어 발생한 질병

① ㄱ, ㄴ
② ㄴ, ㄷ
③ ㄱ, ㄴ, ㄹ
④ ㄱ, ㄷ, ㄹ
⑤ ㄴ, ㄷ, ㄹ

해설 ㄱ : ○ (산업재해보상보험법 시행령 제27조 제1항 제2호)
ㄴ : ○ (동법 제37조 제3항 단서 및 동법 시행령 제35조 제2항 제1호)
ㄷ : × 사업주가 제공한 시설물 등을 **사업주의 구체적인 지시를 위반하여 이용한 행위**로 발생한 사고와 그 시설물 등의 관리 또는 이용권이 근로자의 전속적 권한에 속하는 경우에 그 관리 또는 이용 중에 발생한 사고는 **업무상 사고로 보지 않는다**(동법 시행령 제28조 제2항).
ㄹ : ○ (동법 제37조 제1항 제2호 다목)

15 산업재해보상보험법상 직업재활급여에 관한 설명으로 옳은 것은?

① 직업훈련비용은 직업훈련을 받은 자에게 지급한다.
② 직업훈련비용의 금액은 고용노동부장관이 훈련비용, 훈련기간 및 노동시장의 여건 등을 고려하여 고시하는 금액의 범위에서 실제 드는 비용으로 한다.
③ 직업훈련비용을 지급하는 훈련기간은 24개월 이내로 한다.
④ 직장적응훈련비 및 재활운동비의 지급기간은 6개월 이내로 한다.
⑤ 직업훈련수당의 1일당 지급액은 평균임금의 100분의 70에 상당하는 금액으로 한다.

해설 ② 직업훈련비용의 금액은 고용노동부장관이 훈련비용, 훈련기간 및 노동시장의 여건 등을 고려하여 고시하는 금액의 범위에서 실제 드는 비용으로 한다(산업재해보상보험법 제73조 제3항 전단).
① 직업훈련비용은 **직업훈련을 실시한 직업훈련기관에 지급**한다(동법 제73조 제2항 전단).
③ 직업훈련비용을 지급하는 훈련기간은 **12개월 이내**로 한다(동법 제73조 제3항 후단).
④ 직장적응훈련비 및 재활운동비의 지급기간은 **3개월 이내**로 한다(동법 제75조 제3항).
⑤ 직업훈련수당의 1일당 지급액은 **최저임금액에 상당하는 금액**으로 한다(동법 제74조 제1항).

정답 13 ⑤ 14 ③ 15 ②

16 산업재해보상보험법상 보험급여의 일시 중지를 할 수 있는 사유가 아닌 것은?

① 질문이나 조사에 응하지 아니하는 경우

② 보고·서류제출 또는 신고를 하지 아니하는 경우

③ 거짓이나 그 밖의 부정한 방법으로 진료비나 약제비를 지급받은 경우

④ 진찰 요구에 따르지 아니하는 경우

⑤ 근로복지공단이 직권으로 실시하는 장해등급 또는 진폐장해등급 재판정 요구에 응하지 아니하는 경우

해설 • 보험급여의 일시 중지(산업재해보상보험법 제120조)

① 공단은 보험급여를 받고자 하는 사람이 다음 각 호의 어느 하나에 해당되면 보험급여의 지급을 일시 중지할 수 있다.

1. 요양 중인 근로자가 제48조 제1항에 따른 공단의 의료기관 변경 요양 지시를 정당한 사유 없이 따르지 아니하는 경우
2. 제59조에 따라 공단이 직권으로 실시하는 장해등급 또는 진폐장해등급 재판정 요구에 따르지 아니하는 경우
3. 제114조나 제115조에 따른 보고·서류제출 또는 신고를 하지 아니하는 경우
4. 제117조에 따른 질문이나 조사에 따르지 아니하는 경우
5. 제119조에 따른 진찰 요구에 따르지 아니하는 경우

• 부당이득의 징수(산업재해보상보험법 제84조)

③ 공단은 산재보험 의료기관이나 제46조 제1항에 따른 약국이 다음 각 호의 어느 하나에 해당하면 그 진료비나 약제비에 해당하는 금액을 징수하여야 한다. 다만, 제1호의 경우에는 그 진료비나 약제비의 2배에 해당하는 금액(제44조 제1항에 따라 과징금을 부과하는 경우에는 그 진료비에 해당하는 금액)을 징수한다.

1. 거짓이나 그 밖의 부정한 방법으로 진료비나 약제비를 지급받은 경우

17 국민연금법상 가입자 자격의 상실 시기가 옳지 않은 것은?

① 사업장가입자의 경우 사용관계가 끝난 날

② 지역가입자의 경우 사망한 날의 다음 날

③ 지역가입자의 경우 국민연금가입 대상 제외자에 해당하게 된 날

④ 임의가입자의 경우 사업장가입자의 자격을 취득한 날

⑤ 임의가입자의 경우 60세가 된 날의 다음 날

해설 ① 사용관계가 끝난 때의 **다음 날**에 자격을 상실한다(국민연금법 제12조 제1항 제3호).

18 국민연금법상 급여에 관한 설명으로 옳지 않은 것은?

① 급여의 종류는 노령연금, 장애연금, 유족연금, 반환일시금이 있다.

② 급여는 수급권자의 청구에 따라 국민연금공단이 지급한다.

③ 연금액은 지급사유에 따라 기본연금액과 부양가족연금액을 기초로 산정한다.

④ 연금은 매월 25일에 그 달의 금액을 지급하되, 지급일이 공휴일이면 그 다음 날에 지급한다.

⑤ 급여수급전용계좌에 입금된 급여와 이에 관한 채권은 압류할 수 없다.

해설 ④ 연금은 매월 25일에 그 달의 금액을 지급하되, 지급일이 토요일이나 공휴일이면 **그 전날**에 지급한다(국민연금법 제54조 제2항).

19 국민건강보험법상 이의신청 및 심판청구에 관한 설명으로 옳은 것을 모두 고른 것은?

> ㄱ. 요양급여비용에 관한 건강보험심사평가원의 처분에 이의가 있는 자는 건강보험심사평가원에 이의신청을 할 수 있다.
>
> ㄴ. 이의신청은 처분이 있음을 안 날부터 90일 이내에, 처분이 있은 날부터 1년 이내에 문서로 하여야 한다.
>
> ㄷ. 이의신청에 대한 결정에 불복하는 자는 건강보험분쟁조정위원회에 심판청구를 할 수 있다.

① ㄴ   ② ㄱ, ㄴ

③ ㄱ, ㄷ   ④ ㄴ, ㄷ

⑤ ㄱ, ㄴ, ㄷ

해설 ㄱ : ○ (국민건강보험법 제87조 제2항)
ㄴ : ✕ 이의신청은 처분이 있음을 안 날부터 90일 이내에 문서(전자문서를 포함한다)로 하여야 하며 처분이 **있은 날부터 180일**을 지나면 제기하지 못한다(동법 제87조 제3항).
ㄷ : ○ (동법 제88조 제1항)

20 국민건강보험법상의 요양급여가 아닌 것은?

① 입원　　　　　　　　　　　② 이송
③ 상병수당　　　　　　　　　④ 예방·재활
⑤ 약제·치료재료의 지급

해설 요양급여(국민건강보험법 제41조)
① 가입자와 피부양자의 질병, 부상, 출산 등에 대하여 다음 각 호의 요양급여를 실시한다.
1. 진찰·검사
2. 약제(藥劑)·치료재료의 지급
3. 처치·수술 및 그 밖의 치료
4. 예방·재활
5. 입원
6. 간호
7. 이송(移送)

21 고용보험 및 산업재해보상보험의 보험료징수 등에 관한 법률상의 내용이다. (　　)에 들어갈 내용으로 옳은 것은?

- 국민건강보험공단은 납부의무자가 보험료 등을 납부기한까지 내지 아니하면 기한을 정하여 해당 보험료를 낼 것을 독촉하여야 한다. 국민건강보험공단이 독촉을 하는 경우에는 독촉장을 발급하여야 한다. 이 경우의 납부기한은 독촉장 발급일부터 (ㄱ)일 이상의 여유가 있도록 하여야 한다.
- 보험료를 징수하거나 그 반환받을 수 있는 권리는 (ㄴ)년간 행사하지 아니하면 시효로 인하여 소멸한다.

① ㄱ : 7, ㄴ : 1　　　　　　② ㄱ : 7, ㄴ : 3
③ ㄱ : 10, ㄴ : 1　　　　　④ ㄱ : 10, ㄴ : 3
⑤ ㄱ : 14, ㄴ : 1

해설
- 국민건강보험공단은 납부의무자가 보험료 등을 납부기한까지 내지 아니하면 기한을 정하여 해당 보험료를 낼 것을 독촉하여야 한다(고용산재보험료징수법 제27조 제2항). 국민건강보험공단이 독촉을 하는 경우에는 독촉장을 발급하여야 한다. 이 경우의 납부기한은 독촉장 발급일부터 (<u>10</u>)일 이상의 여유가 있도록 하여야 한다(동법 제27조 제3항).
- 보험료를 징수하거나 그 반환받을 수 있는 권리는 (<u>3</u>)년간 행사하지 아니하면 시효로 인하여 소멸한다(동법 제41조 제1항).

22 고용보험 및 산업재해보상보험의 보험료징수 등에 관한 법률상 산재보험료율의 결정에 관한 내용이다. (   )에 들어갈 내용으로 옳은 것은?

> • 업무상 사고에 따른 업무상 재해에 관한 산재보험료율은 매년 6월 30일 현재 과거 (ㄱ)년 동안의 보수총액에 대한 산재보험급여총액의 비율을 기초로 하여 「산업재해보상보험법」에 따른 연금 등 산재보험급여에 드는 금액, 재해예방 및 재해근로자의 복지증진에 드는 비용 등을 고려하여 사업의 종류별로 구분하여 고용노동부령으로 정한다.
> • 고용노동부장관은 산재보험료율을 정하는 경우에는 특정 사업 종류의 산재보험료율이 전체 사업의 평균 산재보험료율의 (ㄴ)배를 초과하지 아니하도록 하여야 한다.

① ㄱ : 2, ㄴ : 20 ② ㄱ : 2, ㄴ : 30
③ ㄱ : 3, ㄴ : 15 ④ ㄱ : 3, ㄴ : 20
⑤ ㄱ : 3, ㄴ : 30

해설 • 업무상 사고에 따른 업무상 재해에 관한 산재보험료율은 매년 6월 30일 현재 과거 (**3**)년 동안의 보수총액에 대한 산재보험급여총액의 비율을 기초로 하여 「산업재해보상보험법」에 따른 연금 등 산재보험급여에 드는 금액, 재해예방 및 재해근로자의 복지증진에 드는 비용 등을 고려하여 사업의 종류별로 구분하여 고용노동부령으로 정한다(고용산재보험료징수법 제14조 제3항).
　　• 고용노동부장관은 산재보험료율을 정하는 경우에는 특정 사업 종류의 산재보험료율이 전체 사업의 평균 산재보험료율의 (**20**)배를 초과하지 아니하도록 하여야 한다(동법 제14조 제5항).

23 고용보험 및 산업재해보상보험의 보험료징수 등에 관한 법률상 보험사무대행기관 등에 관한 설명으로 옳은 것을 모두 고른 것은?

> ㄱ. 공인노무사가 보험사무를 대행하려는 경우에는 근로복지공단의 인가를 받아야 한다.
> ㄴ. 근로복지공단은 보험료, 이 법에 따른 그 밖의 징수금의 납입의 통지 등을 보험사무대행기관에 함으로써 그 사업주에 대한 통지를 갈음한다.
> ㄷ. 근로복지공단이 가산금을 부과하여 징수하는 경우에 그 징수사유가 보험사무대행기관의 귀책사유로 인한 것일 때에는 보험사무대행기관이 100분의 50에 해당하는 금액을 내야 한다.

① ㄱ   ② ㄱ, ㄴ
③ ㄱ, ㄷ   ④ ㄴ, ㄷ
⑤ ㄱ, ㄴ, ㄷ

해설 ㄱ : ○ (고용산재보험료징수법 제33조 제2항)
ㄴ : ○ (동법 제34조)
ㄷ : × 공단이 가산금, 연체금 및 산재보험급여에 해당하는 금액을 징수하는 경우에 그 징수사유가 보험사무대행기관의 귀책사유로 인한 것일 때에는 **그 한도 안**에서 보험사무대행기관이 해당 금액을 내야 한다(동법 제35조).

24 고용보험 및 산업재해보상보험의 보험료징수 등에 관한 법률상 월별보험료 연체와 관련된 내용이다. (　)에 들어갈 내용으로 옳은 것은?

> 국민건강보험공단은 납부기한 후 30일이 지난 날부터 매 (ㄱ)일이 경과할 때마다 체납된 월별보험료의 (ㄴ)에 해당하는 연체금을 이미 발생한 연체금에 더하여 징수한다. 이 경우 연체금은 체납된 월별보험료의 (ㄷ)을 넘지 못한다.

① ㄱ : 1, ㄴ : 1천분의 1, ㄷ : 1천분의 30
② ㄱ : 1, ㄴ : 6천분의 1, ㄷ : 1천분의 50
③ ㄱ : 1, ㄴ : 1천분의 1, ㄷ : 1천분의 90
④ ㄱ : 7, ㄴ : 1천분의 1, ㄷ : 1천분의 30
⑤ ㄱ : 7, ㄴ : 3천분의 1, ㄷ : 1천분의 90

해설 국민건강보험공단은 <u>납부기한 후 30일이 지난 날부터</u> 매 (<u>1</u>)일이 경과할 때마다 체납된 월별보험료의 (<u>6천분의 1</u>)에 해당하는 연체금을 이미 발생한 연체금에 더하여 징수한다. 이 경우 연체금은 체납된 월별보험료의 (<u>1천분의 50</u>)을 넘지 못한다(고용산재보험료징수법 제25조 제3항).

25 고용보험 및 산업재해보상보험의 보험료징수 등에 관한 법령상 보수총액 등의 신고와 관련한 내용으로 옳지 않은 것은?

① 보수총액신고는 문서로 함을 원칙으로 한다.

② 사업주는 근로자, 예술인 또는 노무제공자가 다른 사업장으로 전보되는 등 대통령령으로 정하는 사유가 발생한 때에는 그 사유발생일부터 14일 이내에 그 사실을 근로복지공단에 신고하여야 한다.

③ 사업주는 사업의 폐지 등으로 보험관계가 소멸한 때에는 그 보험관계가 소멸한 날부터 14일 이내에 근로자, 예술인 또는 노무제공자에게 지급한 보수총액 등을 근로복지공단에 신고하여야 한다.

④ 사업주는 전년도 근로자, 예술인 또는 노무제공자에게 지급한 보수총액 등을 매년 3월 15일까지 근로복지공단에 신고하여야 한다.

⑤ 사업주는 노무제공자와 노무제공계약을 종료한 때에는 그 근로자에게 지급한 보수총액, 노무제공계약의 종료일 등을 그 계약이 종료된 날이 속하는 달의 다음 달 15일까지 근로복지공단에 신고하여야 한다.

해설 ① 보수총액 등의 신고는 정보통신망을 이용하거나 콤팩트디스크 등 전자적 기록매체로 제출하는 방식으로 하여야 한다. 다만, 대통령령으로 정하는 규모에 해당하는 사업주는 해당 신고를 문서로써 할 수 있다(고용산재보험료징수법 제16조의10 제8항).

정답 23 ② 24 ② 25 ①

01 사회보장기본법령상 사회보장제도의 운영에 관한 설명으로 옳지 않은 것은?

① 사회보험은 국가와 지방자치단체의 책임으로 시행하고, 공공부조와 사회서비스는 국가의 책임으로 시행하는 것을 원칙으로 한다.

② 국가와 지방자치단체는 효과적인 사회보장정책의 수립·시행을 위하여 사회보장에 관한 통계를 작성·관리하여야 한다.

③ 국가와 지방자치단체는 사회보장제도를 신설하거나 변경할 경우 기존 제도와의 관계, 사회보장 전달체계와 재정 등에 미치는 영향 등을 사전에 충분히 검토하고 상호협력하여 사회보장급여가 중복 또는 누락되지 아니하도록 하여야 한다.

④ 보건복지부장관은 사회서비스의 품질기준 마련, 평가 및 개선 등의 업무를 수행하기 위하여 필요한 전담기구를 설치할 수 있다.

⑤ 국가와 지방자치단체는 개인·법인 또는 단체가 사회보장에 참여하는 데에 드는 경비의 전부 또는 일부를 지원하거나 그 업무를 수행하기 위하여 필요한 지원을 할 수 있다.

해설 ① 사회보험은 국가의 책임으로 시행하고, 공공부조와 사회서비스는 국가와 지방자치단체의 책임으로 시행하는 것을 원칙으로 한다. 다만, 국가와 지방자치단체의 재정 형편 등을 고려하여 이를 협의·조정할 수 있다(사회보장기본법 제25조 제5항).

02 사회보장기본법령상 사회보장 비용의 부담에 관한 설명으로 옳지 않은 것은?

① 사회보장 비용의 부담은 각각의 사회보장제도의 목적에 따라 국가, 지방자치단체 및 민간부문 간에 합리적으로 조정되어야 한다.

② 사회보험에 드는 비용은 사용자, 피용자 및 자영업자가 부담하는 것을 원칙으로 한다.

③ 부담 능력이 있는 국민에 대한 사회서비스에 드는 비용은 그 수익자가 부담함을 원칙으로 한다.

④ 공공부조에 드는 비용은 수익자가 부담함을 원칙으로 한다.

⑤ 공공부조 및 관계 법령에서 정하는 일정 소득 수준 이하의 국민에 대한 사회서비스에 드는 비용의 전부 또는 일부는 국가와 지방자치단체가 부담한다.

해설 ④ 공공부조 및 관계 법령에서 정하는 <u>일정 소득 수준 이하의 국민에 대한 사회서비스에 드는 비용의 전부 또는 일부는 국가와 지방자치단체가 부담</u>한다(사회보장기본법 제28조 제3항).

03 사회보험 관련법령의 적용에 관한 내용으로 옳지 않은 것은?

① 사립학교교직원 연금법의 적용을 받는 자에게는 고용보험법을 적용하지 아니한다.

② 1개월 미만 동안 고용된 일용근로자는 고용보험법의 적용이 제외되는 근로자이다.

③ 국민연금에 가입된 사업장에 종사하는 18세 미만 근로자는 사업장가입자가 되는 것으로 보나, 본인이 원하지 아니하면 사업장가입자가 되지 아니할 수 있다.

④ 비상근 근로자는 국민건강보험법의 직장가입자에서 제외된다.

⑤ 1개월 동안의 소정근로시간이 60시간 미만인 단시간근로자는 국민건강보험법의 직장가입자에서 제외된다.

해설 ② 고용보험법상 일용근로자 : 1개월 미만 동안 고용되는 사람으로 고용보험법 적용 대상이다(고용보험법 시행령 제3조 제2항 제2호).

04 사회보장기본법령상 사회보장수급권에 관한 설명으로 옳지 않은 것은?

① 사회보장수급권은 관계 법령에서 정하는 바에 따라 다른 사람에게 양도하거나 담보로 제공할 수 없다.

② 사회보장수급권은 제한되거나 정지될 수 없으나, 관계 법령에서 따로 정하고 있는 경우에는 그러하지 아니하다.

③ 사회보장수급권이 정지되는 경우에는 정지하는 목적에 필요한 최소한의 범위에 그쳐야 한다.

④ 사회보장수급권은 포기할 수 있으나 포기한 후에는 이를 취소할 수 없다.

⑤ 제3자의 불법행위로 피해를 입은 국민이 그로 인하여 사회보장수급권을 가지게 된 경우 사회보장제도를 운영하는 자는 그 불법행위의 책임이 있는 자에 대하여 관계 법령에서 정하는 바에 따라 구상권을 행사할 수 있다.

해설 ④ 사회보장수급권은 정당한 권한이 있는 기관에 서면으로 통지하여 포기할 수 있으며, **사회보장수급권의 포기는 취소할 수 있다**(사회보장기본법 제14조 제1항, 제2항).

05 고용보험법령의 내용으로 옳지 않은 것은?

① 국민기초생활 보장법에 따라 자활을 위한 근로기회를 제공하기 위한 사업은 고용보험법의 적용을 받는 사업으로 본다.

② 국가는 매년 고용보험사업에 드는 비용의 일부를 일반회계에서 부담하여야 한다.

③ 피보험자가 사망한 경우에는 사망한 날에 그 피보험자격을 상실한다.

④ 고용보험법에 따른 보험관계의 성립 및 소멸에 대하여는 고용보험 및 산업재해보상보험의 보험료징수 등에 관한 법률로 정하는 바에 따른다.

⑤ 구직급여는 수급자격자가 실업한 상태에 있는 날 중에서 직업안정기관의 장으로부터 실업의 인정을 받은 날에 대하여 지급한다.

해설 ③ 피보험자가 사망한 경우에는 사망한 날의 다음 날 그 피보험자격을 상실한다(고용보험법 제14조 제1항 제4호).

06 고용보험법령상 폐업한 자영업자인 피보험자의 구직급여 수급요건으로 옳지 않은 것은?

① 법령을 위반하여 허가 취소를 받음에 따라 폐업한 경우가 아니어야 한다.
② 폐업일 이전 18개월간 자영업자인 피보험자로서 갖춘 피보험 단위기간이 통산하여 180일 이상이어야 한다.
③ 법령을 위반하여 영업정지를 받음에 따라 폐업한 경우가 아니어야 한다.
④ 재취업을 위한 노력을 적극적으로 하여야 한다.
⑤ 근로의 의사와 능력이 있음에도 불구하고 취업을 하지 못한 상태에 있어야 한다.

해설 구직급여의 수급요건(고용보험법 제69조의3)
1. **폐업일 이전 24개월간** 자영업자인 피보험자로서 갖춘 피보험 단위기간이 **합산하여 1년** 이상일 것
2. 근로의 의사와 능력이 있음에도 불구하고 취업을 하지 못한 상태에 있을 것
3. 폐업사유가 수급자격의 제한 사유에 해당하지 아니할 것
4. 재취업을 위한 노력을 적극적으로 할 것

07 고용보험법령상 심사 및 재심사에 관한 설명으로 옳지 않은 것은?

① 실업급여에 관한 처분에 이의가 있는 자는 고용보험심사관에게 심사를 청구할 수 있다.
② 심사의 청구가 법령으로 정한 방식을 위반하여 보정하지 못할 것인 경우에 고용보험심사관은 그 심사의 청구를 결정으로 각하하여야 한다.
③ 재심사청구인은 법정대리인 외에 자신의 형제자매를 대리인으로 선임할 수 없다.
④ 심사 및 재심사의 청구는 시효중단에 관하여 재판상의 청구로 본다.
⑤ 재심사청구에 대한 심리는 공개로 하나, 당사자의 양쪽 또는 어느 한 쪽이 신청한 경우에는 공개하지 아니할 수 있다.

해설 대리인의 선임(고용보험법 제88조)
심사청구인 또는 재심사청구인은 법정대리인 외에 다음 각 호의 어느 하나에 해당하는 자를 대리인으로 선임할 수 있다.
1. 청구인의 배우자, 직계존속·비속 또는 **형제자매**
2. 청구인인 법인의 임원 또는 직원
3. 변호사나 공인노무사
4. 제99조에 따른 심사위원회의 허가를 받은 자

정답 04 ④ 05 ③ 06 ② 07 ③

08 고용보험법령상 고용보험기금의 용도를 모두 고른 것은?

ㄱ. 직업능력개발 사업에 필요한 경비
ㄴ. 고용보험법령에서 정한 국민연금 보험료의 지원
ㄷ. 실업급여의 지급
ㄹ. 육아휴직 급여의 지급
ㅁ. 고용보험법령에서 정한 국민건강 보험료의 지원

① ㄱ, ㄴ, ㅁ   ② ㄴ, ㄷ, ㄹ
③ ㄷ, ㄹ, ㅁ   ④ ㄱ, ㄴ, ㄷ, ㄹ
⑤ ㄱ, ㄷ, ㄹ, ㅁ

해설 기금의 용도(고용보험법 제80조 제1항)
① 기금은 다음 각 호의 용도에 사용하여야 한다.
1. 고용안정·직업능력개발사업에 필요한 경비
2. 실업급여의 지급 및 실업급여의 지급에 따른 **국민연금 보험료의 지원**
3. 육아휴직 급여 및 출산전후휴가 급여 등의 지급
4. 보험료의 반환
5. 일시 차입금의 상환금과 이자
6. 이 법과 고용산재보험료징수법에 따른 업무를 대행하거나 위탁받은 자에 대한 출연금
7. 그 밖에 이 법의 시행을 위하여 필요한 경비로서 대통령령으로 정하는 경비와 제1호 및 제2호에 따른 사업의 수행에 딸린 경비

09 고용보험법령상 수급권 보호에 관한 내용이다. ( )에 들어갈 내용은?

실업급여를 받을 권리는 양도 또는 압류하거나 담보로 제공할 수 없으며, 실업급여수급계좌의 예금 중 ( ) 이하의 금액에 관한 채권은 압류할 수 없다.

① 월보수총액   ② 월보험료액
③ 3개월 평균임금   ④ 월 최저임금액
⑤ 실업급여수급계좌에 입금된 금액 전액

해설 수급권의 보호(고용보험법 제38조)
① 실업급여를 받을 권리는 양도 또는 압류하거나 담보로 제공할 수 없다.
② 제37조의2 제1항에 따라 지정된 실업급여수급계좌의 예금 중 대통령령(**실업급여수급계좌에 입금된 금액 전액**)으로 정하는 액수 이하의 금액에 관한 채권은 압류할 수 없다.

10 산업재해보상보험법령상 보험급여 중 시효의 완성기간이 다른 것은?

① 요양급여를 받을 권리
② 간병급여를 받을 권리
③ 상병보상연금을 받을 권리
④ 장례비를 받을 권리
⑤ 직업재활급여를 받을 권리

> **해설** ①, ②, ③, ⑤의 권리의 시효는 3년이고, 장해급여, 유족급여, 장례비, 진폐보상연금 및 진폐유족연금을 받을 권리의 시효는 5년이다(산재보험법 제112조 제1항 단서).

11 산업재해보상보험법령상 장해보상연금의 수급권 소멸사유를 모두 고른 것은?

> ㄱ. 수급권자가 사망한 경우
> ㄴ. 대한민국 국민이었던 수급권자가 국적을 상실하고 외국에서 거주하고 있는 경우
> ㄷ. 대한민국 국민이 아닌 수급권자가 외국에서 거주하기 위해 출국하는 경우
> ㄹ. 수급권자의 장해등급이 변경되어 장해보상연금의 지급 대상에서 제외되는 경우

① ㄱ, ㄴ
② ㄱ, ㄹ
③ ㄴ, ㄷ
④ ㄱ, ㄷ, ㄹ
⑤ ㄱ, ㄴ, ㄷ, ㄹ

> **해설** 산업재해보상보험법 제58조(장해보상연금 등의 수급권의 소멸)에 의거 ㄱ, ㄴ, ㄷ, ㄹ 모두 수급권 소멸사유에 해당한다.

12 산업재해보상보험법령상 특수형태근로종사자의 범위에 해당하지 않는 자는?

① 한국표준직업분류표의 세분류에 따른 학습지 교사
② 택배업을 하는 사람으로서 둘 이상의 퀵서비스업자로부터 업무를 의뢰받아 직원을 채용하여 배송업무를 하는 사람
③ 보험을 모집하는 보험업법에 따른 보험설계사
④ 체육시설의 설치·이용에 관한 법률에 따라 직장체육시설로 설치된 골프장에서 골프경기를 보조하는 골프장 캐디
⑤ 여신전문금융업법에 따른 신용카드회원 모집인

정답 　08 ④　09 ⑤　10 ④　11 ⑤　12 ②

해설 특수형태근로종사자의 범위 등(산업안전보건법 시행령 제67조)

법 제77조 제1항 제1호에 따른 요건을 충족하는 사람은 다음 각 호의 어느 하나에 해당하는 사람으로 한다. 〈개정 2024.12.31.〉

1. 보험을 모집하는 사람으로서 다음 각 목의 어느 하나에 해당하는 사람
   가. 「보험업법」 제83조 제1항 제1호에 따른 보험설계사
   나. 「우체국예금·보험에 관한 법률」에 따른 우체국보험의 모집을 전업(專業)으로 하는 사람
2. 「건설기계관리법」 제3조 제1항에 따라 등록된 건설기계를 직접 운전하는 사람
3. 「통계법」 제22조에 따라 통계청장이 고시하는 직업에 관한 표준분류(한국표준직업분류표)의 세분류에 따른 학습·교구 관련 방문강사 등 회원의 가정 등을 직접 방문하여 아동이나 학생 등을 가르치는 사람
4. 「체육시설의 설치·이용에 관한 법률」 제7조에 따라 직장체육시설로 설치된 골프장 또는 같은 법 제19조에 따라 체육시설업의 등록을 한 골프장에서 골프경기를 보조하는 골프장 캐디
5. 한국표준직업분류표의 세분류에 따른 택배원 또는 세세분류에 따른 그 외 배달원으로서 택배사업(소화물을 집화·수송 과정을 거쳐 배송하는 사업을 말한다)에서 집화 또는 배송 업무를 하는 사람
6. 한국표준직업분류표의 세분류에 따른 늘찬배달원으로서 고용노동부장관이 정하는 기준에 따라 주로 하나의 퀵서비스업자로부터 업무를 의뢰받아 배송 업무를 하는 사람
7. 「대부업 등의 등록 및 금융이용자 보호에 관한 법률」 제3조 제1항 단서에 따른 대출모집인
8. 「여신전문금융업법」 제14조의2 제1항 제2호에 따른 신용카드회원 모집인
9. 고용노동부장관이 정하는 기준에 따라 주로 하나의 대리운전업자로부터 업무를 의뢰받아 대리운전 업무를 하는 사람
10. 「방문판매 등에 관한 법률」 제2조 제2호 또는 제8호의 방문판매원이나 후원방문판매원으로서 고용노동부장관이 정하는 기준에 따라 상시적으로 방문판매업무를 하는 사람
11. 한국표준직업분류표의 세분류에 따른 대여 제품 방문 점검원
12. 한국표준직업분류표의 세분류에 따른 가전제품 설치 및 수리원으로서 가전제품을 배송, 설치 및 시운전하여 작동상태를 확인하는 사람
13. 「화물자동차 운수사업법」에 따른 화물차주로서 다음 각 목의 어느 하나에 해당하는 사람
    가. 「자동차관리법」 제3조 제1항 제4호의 특수자동차로 수출입 컨테이너를 운송하는 사람
    나. 「자동차관리법」 제3조 제1항 제4호의 특수자동차로 시멘트를 운송하는 사람
    다. 「자동차관리법」 제2조 제1호 본문의 피견인자동차나 「자동차관리법」 제3조 제1항 제3호의 일반형 화물자동차로 철강재를 운송하는 사람
    라. 「자동차관리법」 제3조 제1항 제3호의 일반형 화물자동차나 특수용도형 화물자동차로 「물류정책기본법」 제29조 제1항 각 호의 위험물질을 운송하는 사람
14. 「소프트웨어 진흥법」에 따른 소프트웨어사업에서 노무를 제공하는 소프트웨어기술자

13 산업재해보상보험법령상 심사청구의 대상이 아닌 것은?

① 약제비에 관한 결정　　　　　　② 보험급여에 관한 결정
③ 보험료 부과에 관한 결정　　　　④ 수급권의 대위에 관한 결정
⑤ 부당이득의 징수에 관한 결정

> **해설** 심사청구의 대상(산업재해보상보험법 제103조 제1항)
> 　　　1. 보험급여에 관한 결정
> 　　　2. 진료비에 관한 결정
> 　　　3. 약제비에 관한 결정
> 　　　4. 진료계획 변경 조치 등
> 　　　5. 보험급여의 일시지급에 관한 결정
> 　　　6. 합병증 등 예방관리에 관한 조치
> 　　　7. 부당이득의 징수에 관한 결정
> 　　　8. 수급권의 대위에 관한 결정

14 산업재해보상보험법령상 보험급여에 관한 설명으로 옳은 것은?

① 부상 또는 질병이 7일 이내의 요양으로 치유될 수 있으면 요양급여를 지급하지 아니한다.
② 요양급여의 신청을 한 자는 근로복지공단이 요양급여에 관한 결정을 하기 전에는 국민건강보험법상 요양급여를 받을 수 있다.
③ 장해급여는 근로자가 업무상의 사유로 질병에 걸려 치유된 후 신체 등에 장해가 있는 경우에 한국장애인고용공단에서 지급한다.
④ 장해보상연금의 수급권자가 재요양을 받는 경우에는 그 연금의 지급을 정지한다.
⑤ 간병급여는 실제로 간병을 실시한 자에게 직접 지급한다.

> **해설** ① 3일 이내(산업재해보상보험법 제40조 제3항)
> 　　　③ 보험급여는 근로복지공단이 지급한다.
> 　　　④ 장해보상연금은 지급이 이루어진다(동법 제60조 제1항).
> 　　　⑤ 간병을 받은 사람에게 지급한다(동법 제61조 제1항).

정답 　13 ③　14 ②

15 산업재해보상보험법령상 통상적인 출퇴근경로의 일탈 또는 중단이 일상생활에 필요한 행위로서 사유가 있는 경우에는 출퇴근 재해로 보는데, 다음 중 그 사유에 해당하는 것은 모두 몇 개인가?

- 일상생활에 필요한 용품을 구입하는 행위
- 방송통신대학에서 직업능력 개발향상에 기여할 수 있는 교육을 받는 행위
- 선거권이나 국민투표권의 행사
- 근로자가 사실상 보호하고 있는 아동을 보육기관으로부터 데려오는 행위
- 의료기관에서 질병의 예방을 목적으로 진료를 받는 행위

① 1개 ② 2개
③ 3개 ④ 4개
⑤ 5개

해설 산업재해보상보험법 시행령 제35조(출퇴근 중의 사고)에 의거 모두 해당된다.

출퇴근 중의 사고(산업재해보상보험법 시행령 제35조)

① 근로자가 출퇴근하던 중에 발생한 사고가 다음 각 호의 요건에 모두 해당하면 법 제37조 제1항 제3호 가목에 따른 출퇴근 재해로 본다.
  1. 사업주가 출퇴근용으로 제공한 교통수단이나 사업주가 제공한 것으로 볼 수 있는 교통수단을 이용하던 중에 사고가 발생하였을 것
  2. 출퇴근용으로 이용한 교통수단의 관리 또는 이용권이 근로자측의 전속적 권한에 속하지 아니하였을 것
② 법 제37조 제3항 단서에서 "일상생활에 필요한 행위로서 대통령령으로 정하는 사유"란 다음 각 호의 어느 하나에 해당하는 경우를 말한다.
  1. 일상생활에 필요한 용품을 구입하는 행위
  2. 「고등교육법」 제2조에 따른 학교 또는 「직업교육훈련 촉진법」 제2조에 따른 직업교육훈련기관에서 직업능력 개발향상에 기여할 수 있는 교육이나 훈련 등을 받는 행위
  3. 선거권이나 국민투표권의 행사
  4. 근로자가 사실상 보호하고 있는 아동 또는 장애인을 보육기관 또는 교육기관에 데려주거나 해당 기관으로부터 데려오는 행위
  5. 의료기관 또는 보건소에서 질병의 치료나 예방을 목적으로 진료를 받는 행위
  6. 근로자의 돌봄이 필요한 가족 중 의료기관 등에서 요양 중인 가족을 돌보는 행위
  7. 제1호부터 제6호까지의 규정에 준하는 행위로서 고용노동부장관이 일상생활에 필요한 행위라고 인정하는 행위

16 국민연금법령상 출산에 대한 가입기간 추가 산입에 관한 내용이다. (   )에 들어갈 내용으로 옳은 것은? 〈법 개정으로 문제 일부 수정〉

> 자녀가 있는 가입자 또는 가입자였던 자가 노령연금수급권을 취득한 때에는 다음 각 호에 따른 기간을 가입기간에 추가로 산입한다.
> 1. 자녀가 2명 이하인 경우 : 자녀 1명마다 (ㄱ)개월
> 2. 자녀가 3명 이상인 경우 : 첫째 및 둘째 자녀에 대하여 인정되는 (ㄴ)개월에 2자녀를 초과하는 자녀 1명마다 (ㄷ)개월을 더한 개월 수

① ㄱ : 12, ㄴ : 24, ㄷ : 12 ② ㄱ : 12, ㄴ : 24, ㄷ : 18
③ ㄱ : 18, ㄴ : 12, ㄷ : 12 ④ ㄱ : 18, ㄴ : 12, ㄷ : 18
⑤ ㄱ : 18, ㄴ : 24, ㄷ : 18

해설 자녀가 있는 가입자 또는 가입자였던 자가 노령연금수급권을 취득한 때(이 조에 따라 가입기간이 추가 산입되면 노령연금수급권을 취득할 수 있는 경우를 포함한다)에는 다음 각 호에 따른 기간을 가입기간에 추가로 산입한다(국민연금법 제19조 제1항).
1. 자녀가 2명 이하인 경우 : 자녀 1명마다 (<u>12</u>)개월을 더한 개월 수
2. 자녀가 3명 이상인 경우 : 첫째 및 둘째 자녀에 대하여 인정되는 (<u>24</u>)개월에 2자녀를 초과하는 자녀 1명마다 (<u>18</u>)개월을 더한 개월 수

자녀수	2자녀	3자녀	4자녀	5자녀 이상
추가 인정기간	24개월	42개월	60개월	78개월~

17 국민연금법령상 유족연금에 관한 설명으로 옳은 것은?
① 사실상의 혼인관계에 있는 배우자는 유족연금을 지급받을 수 있는 유족에 해당하지 않는다.
② 수급권자가 산업재해보상보험법에 의한 유족급여를 받는 경우에는 유족연금을 지급하지 않는다.
③ 유족연금을 지급받을 수 있는 유족의 범위는 배우자, 자녀, 부모, 손자녀, 조부모 및 형제자매이다.
④ 유족연금 수급권자인 자녀가 사망 시 다음 순위자인 부모에게 유족연금을 지급한다.
⑤ 부모, 손자녀 또는 조부모인 유족의 유족연금 수급권은 가입자 또는 가입자였던 사람이 사망할 당시에 그 가입자 또는 가입자였던 사람의 태아가 출생하여 수급권을 갖게 되면 소멸한다.

정답 15 ⑤ 16 ② 17 ⑤

해설 ① 사실혼을 포함한다(국민연금법 제3조 제2항).
② 유족급여는 가입자의 사망으로 인한 유족의 생계 보호를 위한 급여로 유족연금과는 별개의 제도이다.
③ 유족의 범위(동법 제73조 제1항)

순위	범위	요건
1	배우자(사실혼관계 있는 자 포함)	
2	자녀	25세 미만 or 장애등급 1·2급 or 중증 장애인
3	부모(배우자의 부모 포함)	60세 이상 or 장애등급 1·2급 or 중증 장애인
4	손자녀	19세 미만 or 장애등급 1·2급 or 중증 장애인
5	조부모(배우자의 부모 포함)	60세 이상 or 장애등급 1·2급 or 중증 장애인

④ 유족연금은 순위에 따라 **최우선 순위자에게만 지급**하나, 배우자인 유족의 수급권이 소멸되거나 정지되면 자녀(25세 미만이거나 장애등급 2급 이상 또는 중증장애인)인 유족에게 지급한다(동법 제73조 제2항).

18 국민건강보험법령상 급여의 제한 및 정지에 관한 설명으로 옳지 않은 것은?

① 국민건강보험공단은 보험급여를 받을 수 있는 사람이 중대한 과실로 인한 범죄행위에 그 원인이 있는 경우 보험급여를 하지 아니한다.
② 국민건강보험공단은 보험급여를 받을 수 있는 사람이 다른 법령에 따라 국가로부터 보험급여에 상당하는 비용을 지급받게 되는 경우에는 그 한도에서 보험급여를 하지 아니한다.
③ 보험급여를 받을 수 있는 사람이 국외에 여행 중인 경우 그 기간에는 보험급여를 하지 아니한다.
④ 국민건강보험공단은 지역가입자가 1개월 이상 세대단위의 보험료를 체납한 경우 그 체납한 보험료를 완납할 때까지 그 가입자를 제외한 피부양자에 대하여 보험급여를 실시하지 아니한다.
⑤ 보험급여를 받을 수 있는 사람이 국외에서 업무에 종사하고 있는 경우 그 기간에는 보험급여를 하지 아니한다.

해설 ④ 가입자 및 피부양자에 대하여 보험급여를 실시하지 아니할 수 있다(국민건강보험법 제53조 제3항).

19 국민건강보험법령상 보험료에 관한 설명으로 옳지 않은 것은?

① 지역가입자의 월별 보험료액은 세대 단위로 산정한다.

② 직장가입자의 소득월액보험료는 직장가입자가 부담한다.

③ 지역가입자의 보험료는 그 가입자가 속한 세대의 지역가입자 전원이 연대하여 부담한다.

④ 직장가입자가 교직원으로서 사립학교에 근무하는 교원인 경우 보수월액보험료는 그 직장가입자와 사립학교를 설립·운영하는 자가 각각 보험료액의 100분의 50씩 부담한다.

⑤ 직장가입자가 공무원인 경우 보수월액보험료는 그 직장가입자와 그 공무원이 소속되어 있는 국가 또는 지방자치단체가 각각 보험료액의 100분의 50씩 부담한다.

해설 ④ 직장가입자가 100분의 50을, 교직원이 소속되어 있는 사립학교를 설립·운영하는 자가 100분의 30을, 국가가 100분의 20을 각각 부담한다(국민건강보험법 제76조 제1항 단서).

20 국민건강보험법령상 보험료의 경감 대상이 될 수 있는 가입자는?

① 직장가입자로서 65세 이상인 사람

② 직장가입자로서 출산 휴가 중인 사람

③ 직장가입자 중 휴직기간이 1개월 이상인 사람

④ 직장가입자 중 장애인복지법에 따라 등록한 장애인

⑤ 직장가입자 중 국가유공자 등 예우 및 지원에 관한 법률에 따른 국가유공자

해설 보험료의 일부 경감 대상(국민건강보험법 제75조 제1항, 시행령 제45조, 시행규칙 제46조)

1. 요양기관까지의 거리가 멀거나 대중교통으로 이동하는 시간이 오래 걸리는 지역으로서 보건복지부장관이 정하여 고시하는 섬·벽지 지역에 거주하는 가입자
2. 농어촌지역에 거주하는 농업인, 어업인, 광업에 종사하는 사람, 사업소득이 연간 500만원 이하인 지역가입자
3. 요양기관의 이용이 제한되는 근무지의 특성을 고려하여 보건복지부장관이 인정하는 지역에 거주하는 직장가입자로서 보건복지부장관이 정하여 고시하는 사람
4. 65세 이상인 지역가입자
5. 「장애인복지법」에 따라 등록한 장애인인 지역가입자
6. 「국가유공자 등 예우 및 지원에 관한 법률」에 따른 국가유공자인 지역가입자
7. **휴직기간이 1개월 이상인 직장가입자**
8. 그밖에 생활이 어렵거나 천재지변 등의 사유로 보험료를 경감할 필요가 있다고 보건복지부장관이 정하여 고시하는 가입자

정답 18 ④ 19 ④ 20 ③

21 고용보험 및 산업재해보상보험의 보험료징수 등에 관한 법령의 내용으로 옳은 것은?

① 사업의 도산으로 보수 관련 자료가 없는 경우에는 고용노동부장관이 정하여 고시하는 금액을 보수로 할 수 있다.

② 원수급인으로부터 사업의 전부를 도급받아 하는 자는 하수급인에 해당하지 않는다.

③ 고용보험료를 징수하는 경우에는 근로자가 휴직기간 중에 사업주 외의 자로부터 지급받는 금품 일체는 보수로 보지 않는다.

④ 보험에 가입한 사업주는 사업의 명칭 및 소재지, 사업의 종류 등이 변경된 경우에는 다음 보험연도 첫날부터 14일 이내에 그 변경사항을 근로복지공단에 신고하여야 한다.

⑤ 산업재해보상보험법을 적용받는 사업의 사업주는 근로복지공단의 승인을 받아 산업재해보상보험에 가입할 수 있다.

> **해설** ② 전부 또는 일부 모두 하수급인에 해당한다(고용산재보험료징수법 제2조 제5호).
> ③ 사업주 외의 자로부터 지급받는 금품 일체를 보수로 본다(동법 제2조 제3호).
> ④ 변경사항 발생일로부터 14일 이내에 신고해야 한다(동법 제12조).
> ⑤ 당연가입자는 바로 가입된다(동법 제5조 제1항).

22 고용보험 및 산업재해보상보험의 보험료징수 등에 관한 법령상 보험사무대행기관에 보험사무를 위임할 수 있는 업무의 범위가 아닌 것은?

① 확정보험료의 부과
② 개산보험료의 신고
③ 고용보험 피보험자의 자격 관리에 관한 사무
④ 보험관계의 소멸의 신고
⑤ 보험관계의 변경의 신고

> **해설** ① 확정보험료의 부과는 근로복지공단이 직접 수행한다(고용산재보험료징수법 제16조의2 제1항).

23 **고용보험 및 산업재해보상보험의 보험료징수 등에 관한 법령의 내용으로 옳지 않은 것은?**

① 근로복지공단은 사업 실체가 없는 등의 사유로 계속하여 보험관계를 유지할 수 없다고 인정하는 경우에는 그 보험관계를 소멸시킬 수 있다.

② 근로자가 동일한 사업주의 하나의 사업장에서 다른 사업장으로 전근되는 경우에는 그 근로자에 대한 그 월별보험료는 일할계산한다.

③ 근로복지공단은 소멸시효가 완성된 경우에는 고용노동부장관의 승인을 받아 보험료와 이 법에 따른 그 밖의 징수금을 결손처분할 수 있다.

④ 사업종류의 변경으로 보험료 납부방법이 변경되는 경우에는 사업종류의 변경일 전일을 변경 전 사업폐지일로, 사업종류의 변경일을 새로운 사업성립일로 본다.

⑤ 공동사업에 관계되는 보험료, 이 법에 따른 그 밖의 징수금과 체납처분비는 공동사업자가 연대하여 낼 의무를 진다.

해설 ③ 국민건강보험공단은 결손처분사유가 있을 때에는 고용노동부장관의 승인을 받아 보험료와 징수금을 결손처분할 수 있다(고용산재보험료징수법 제29조 제1항).

24 **고용보험 및 산업재해보상보험의 보험료징수 등에 관한 법령상 (   )에 들어갈 내용으로 옳은 것은?**

> • 고용노동부장관은 천재지변이나 그 밖에 대통령령으로 정하는 특수한 사유가 있어 보험료를 경감할 필요가 있다고 인정하는 보험가입자에 대하여 고용보험위원회 또는 산업재해보상보험 및 예방심의위원회의 심의를 거쳐 보험료와 그 밖의 징수금을 경감할 수 있다. 현재 경감비율은 보험료와 그 밖의 징수금의 (ㄱ)이다.
> • 현재 자영업자에게 적용하는 실업급여의 보험료율은 (ㄴ)이다.

① ㄱ : 100분의 20, ㄴ : 1천분의 13　② ㄱ : 100분의 20, ㄴ : 1천분의 20

③ ㄱ : 100분의 30, ㄴ : 1천분의 13　④ ㄱ : 100분의 30, ㄴ : 1천분의 20

⑤ ㄱ : 100분의 30, ㄴ : 1천분의 25

해설 • 고용노동부장관은 천재지변이나 그 밖에 대통령령으로 정하는 특수한 사유가 있어 보험료를 경감할 필요가 있다고 인정하는 보험가입자에 대하여 고용보험위원회 또는 산업재해보상보험 및 예방심의위원회의 심의를 거쳐 보험료와 그 밖의 징수금을 경감할 수 있다. 현재 경감비율은 보험료와 그 밖의 징수금의 (<u>100분의 30</u>)이다(고용산재보험료징수법 제22조의2 제1항 및 동법 시행령 제30조의2 제2항).
　　• 현재 자영업자에게 적용하는 실업급여의 보험료율은 (<u>1천분의 20</u>)이다(고용산재보험료징수법 제49조의2 제7항 및 동법 시행령 제56조의19 제1항).

정답　21 ①　22 ①　23 ③　24 ④

25 고용보험 및 산업재해보상보험의 보험료징수 등에 관한 법령상 보험료율의 인상 또는 인하 등에 따른 조치로 옳지 않은 것은?

① 보험료율이 인상된 경우 근로복지공단은 월별보험료를 증액 조정한다.

② 보험료율이 인상된 경우 국민건강보험공단은 개산보험료를 증액 조정한다.

③ 보험료율 인상으로 개산보험료가 증액된 때에는 근로복지공단이 징수한다.

④ 보험료율 인상으로 월별보험료가 증액된 때에는 국민건강보험공단이 징수한다.

⑤ 근로복지공단은 보험료를 감액 조정한 경우에는 보험료율의 인하를 결정한 날부터 20일 이내에 그 감액 조정 사실을 사업주에게 알려야 한다.

> **해설** ② 개산보험료는 근로복지공단이 증액 조정한다(고용산재보험료징수법 제18조 제1항).

정답　25 ②

01 사회보장기본법상 내용으로 옳은 것은?

① 국가는 중장기 사회보장 재정추계를 매년 실시하고 공표하여야 한다.
② 사회보장수급권의 포기는 취소할 수 없다.
③ 사회서비스란 사회적 위험을 보험의 방식으로 대처함으로써 국민의 건강과 소득을 보장하는 제도를 말한다.
④ 사회보장수급권은 다른 사람에게 양도할 수 있다.
⑤ 국가와 지방자치단체는 최저보장수준과 최저임금 등을 고려하여 사회보장급여의 수준을 결정하여야 한다.

해설 ① 보건복지부장관은 사회보장제도의 안정적인 운영을 위하여 중장기 사회보장 재정추계를 적어도 3년마다 실시하고 이를 공표하여야 한다(사회보장기본법 제30조의3 제1항).
② 사회보장수급권의 포기는 취소할 수 있다(동법 제14조 제2항).
③ "사회서비스"란 국가·지방자치단체 및 민간부문의 도움이 필요한 모든 국민에게 복지, 보건의료, 교육, 고용, 주거, 문화, 환경 등의 분야에서 인간다운 생활을 보장하고 상담, 재활, 돌봄, 정보의 제공, 관련 시설의 이용, 역량 개발, 사회참여 지원 등을 통하여 국민의 삶의 질이 향상되도록 지원하는 제도를 말한다(동법 제3조 제4호).
④ 사회보장수급권은 관계 법령에서 정하는 바에 따라 다른 사람에게 양도하거나 담보로 제공할 수 없으며, 이를 압류할 수 없다(동법 제12조).

정답 01 ⑤

02 사회보장기본법상 내용으로 옳지 않은 것은?

① 사회보장기본법은 사회보장에 관한 국민의 권리와 국가 및 지방자치단체의 책임을 정하고 있다.

② 사회보장은 사회참여·자아실현에 필요한 제도와 여건을 조성하여 사회통합과 행복한 복지사회를 실현하는 것을 기본 이념으로 한다.

③ 국가와 지방자치단체의 책임 하에 생활 유지 능력이 없거나 생활이 어려운 국민의 최저생활을 보장하고 자립을 지원하는 제도를 공공부조라 한다.

④ 사회보장위원회는 사회보장급여 관련 업무에 공통적으로 적용되는 기준을 마련하여야 한다.

⑤ 국내에 거주하는 외국인에게 사회보장제도를 적용할 때에는 상호주의의 원칙에 따르되, 관계 법령에서 정하는 바에 따른다.

> **해설** ④ 보건복지부장관은 사회보장급여 관련 업무에 공통적으로 적용되는 기준을 마련할 수 있다(사회보장기본법 제26조 제5항).

03 사회보장기본법상 사회보장정보시스템의 구축·운영 등에 관한 설명으로 옳지 않은 것은?

① 보건복지부장관은 사회보장정보시스템의 구축·운영을 총괄한다.

② 국가와 지방자치단체는 국민편익의 증진과 사회보장업무의 효율성 향상을 위하여 사회보장업무를 전자적으로 관리하도록 노력하여야 한다.

③ 국가와 지방자치단체가 조사하거나 제공받은 개인·법인의 정보는 이 법과 관련 법률에 근거하지 아니하고 보유, 이용, 제공되어서는 아니 된다.

④ 관계 중앙행정기관 및 지방자치단체의 장은 사회보장정보와 관련하여 사회보장정보시스템의 활용이 필요한 경우 사전에 보건복지부장관과 협의하여야 한다.

⑤ 사회복지법인의 보조금 수급이력에 관한 자료는 사회보장정보시스템의 운영을 위하여 수집·보유할 수 있는 정보에 해당하지 않는다.

> **해설** ⑤ 사회복지법인의 보조금 수급이력에 관한 자료는 사회보장정보시스템의 운영을 위하여 수집·보유할 수 있는 정보에 해당한다(사회보장기본법 시행령 제19조 제2항 제4호).

04 고용보험법령상 피보험기간이 4년인 자영업자인 경우 구직급여의 소정급여일수는?

① 90일
② 120일
③ 150일
④ 180일
⑤ 210일

해설 자영업자의 구직급여의 소정급여일수(고용보험법 제69조의6 관련 [별표 2])

구분	피보험기간			
	1년 이상 3년 미만	3년 이상 5년 미만	5년 이상 10년 미만	10년 이상
소정급여일수	120일	150일	180일	210일

05 고용보험법에서 사용하는 용어의 뜻으로 옳은 것은?

① 피보험자 : 근로기준법상 근로자와 사업주를 말한다.
② 이직 : 근로계약이 당사자의 합의에 의해 해지되는 것을 말하며, 정년퇴직은 포함되지 아니한다.
③ 실업 : 근로의 의사와 능력이 있음에도 불구하고 취업하지 못한 상태에 있는 것을 말한다.
④ 보수 : 사용자로부터 받는 일체의 금품을 말한다.
⑤ 일용근로자 : 3개월 미만 동안 고용되는 사람을 말한다.

해설 ① 피보험자 : 「고용보험 및 산업재해보상보험의 보험료징수 등에 관한 법률」(이하 "고용산재보험료징수법"이라 한다) 제5조 제1항·제2항, 제6조 제1항, 제8조 제1항·제2항, 제48조의2 제1항 및 제48조의3 제1항에 따라 보험에 가입되거나 가입된 것으로 보는 근로자, 예술인 또는 노무제공자, 고용산재보험료징수법 제49조의2 제1항·제2항에 따라 고용보험에 가입하거나 가입된 것으로 보는 자영업자(이하 "자영업자인 피보험자"라 한다)를 말한다(고용보험법 제2조 제1호).
② 이직 : 피보험자와 사업주 사이의 고용관계가 끝나게 되는 것(제77조의2 제1항에 따른 예술인 및 제77조의6 제1항에 따른 노무제공자의 경우에는 문화예술용역 관련 계약 또는 노무제공계약이 끝나는 것을 말한다)을 말한다(동법 제2조 제2호).
④ 보수 : 「소득세법」 제20조에 따른 근로소득에서 대통령령으로 정하는 금품을 뺀 금액을 말한다. 다만, 휴직이나 그 밖에 이와 비슷한 상태에 있는 기간 중에 사업주 외의 자로부터 지급받는 금품 중 고용노동부장관이 정하여 고시하는 금품은 보수로 본다(동법 제2조 제5호).
⑤ 일용근로자 : 1개월 미만 동안 고용되는 사람을 말한다(동법 제2조 제6호).

정답 02 ④ 03 ⑤ 04 ③ 05 ③

06 고용보험법상 적용 제외 근로자에 관한 내용이다. (   )에 들어갈 숫자를 순서대로 옳게 나열한 것은?

> 1개월간 소정근로시간이 (   )시간 미만인 자에게는 이 법을 적용하지 아니한다. 다만, 생업을 목적으로 근로를 제공하는 자 중 (   )개월 이상 계속하여 근로를 제공하는 자와 법 제2조 제6호에 따른 일용근로자는 제외한다.

① 15, 1
② 15, 3
③ 60, 1
④ 60, 3
⑤ 90, 1

해설 고용보험법 시행령 제3조(적용 제외 근로자)

① 법 제10조 제1항 제2호에서 "해당 사업에서 소정(所定)근로시간이 대통령령으로 정하는 시간 미만인 근로자"란 해당 사업에서 1개월간 소정근로시간이 (60)시간 미만이거나 1주간의 소정근로시간이 15시간 미만인 근로자를 말한다.

② 제1항에도 불구하고 다음 각 호의 어느 하나에 해당하는 근로자는 법 적용 대상으로 한다.
   1. 해당 사업에서 (3)개월 이상 계속하여 근로를 제공하는 근로자
   2. 일용근로자

07 고용보험법상 피보험자의 관리에 관한 내용으로 옳은 것은?

① 피보험자가 이직을 한 경우에는 이직한 날에 그 피보험자격을 상실한다.
② 이 법의 적용 제외 근로자였던 자가 이 법의 적용을 받게 된 경우에는 해당 사업에 고용된 날에 피보험자격을 취득한다.
③ 피보험자 또는 피보험자였던 자는 언제든지 고용노동부장관에게 피보험자격의 취득 또는 상실에 관한 확인을 청구할 수 있다.
④ 근로자가 보험관계에 성립되어 있는 두 개의 사업에 동시에 고용되어 있는 경우에는 두 개의 피보험자격을 취득한다.
⑤ 피보험자가 사망한 경우에는 사망한 날에 그 피보험자격을 상실한다.

해설 ① 피보험자가 이직을 한 경우에는 이직한 날의 다음 날 그 피보험자격을 상실한다(고용보험법 제14조 제1항 제3호).

② 이 법의 적용 제외 근로자였던 자가 이 법의 적용을 받게 된 경우에는 그 적용을 받게 된 날 피보험자격을 취득한다(동법 제13조 제1항 제1호).

④ 근로자가 보험관계에 성립되어 있는 두 개의 사업에 동시에 고용되어 있는 경우에는 대통령령으로 정하는 바에 따라 그 중 한 사업의 피보험자격을 취득한다(동법 제18조 제1항).

⑤ 피보험자가 사망한 경우에는 사망한 날의 다음 날 그 피보험자격을 상실한다(동법 제14조 제1항 제4호).

08 고용보험법령상 구직급여에 관한 내용으로 옳지 않은 것은?

① 구직급여는 수급자격자가 실업한 상태에 있는 날 중에서 직업안정기관의 장으로부터 실업의 인정을 받은 날에 대하여 지급한다.

② 수급자격자가 인터넷 등을 이용하여 구인에 응모한 경우에는 적극적인 재취업 활동을 한 것으로 보지 아니한다.

③ 자영업자가 아닌 피보험자의 피보험 단위기간은 피보험기간 중 보수지급의 기초가 된 날을 합하여 계산한다.

④ 최종 이직 당시 일용근로자였던 피보험자가 구직급여를 받으려는 경우에는 수급자격 인정신청일 이전 1개월 동안의 근로일수가 10일 미만이어야 한다.

⑤ 구직급여를 지급받으려는 자는 이직 후 지체 없이 직업안정기관에 출석하여 실업을 신고해야 한다.

> **해설** ② 수급자격자가 인터넷 등을 이용하여 구인에 응모한 경우에는 적극적인 재취업 활동을 한 것으로 본다(고용보험법 시행규칙 제87조 제1항 제1조).
> ④ 최종 이직 당시 일용근로자였던 피보험자가 구직급여를 받으려는 경우에는 제43조에 따른 수급자격 인정신청일이 속한 달의 직전 달 초일부터 수급자격 인정신청일까지의 근로일 수의 합이 같은 기간 동안의 총 일수의 3분의 1 미만이어야 한다(동법 제40조 제1항 제5호 가목).

09 고용보험법령상 고용조정의 지원에 관한 내용으로 옳지 않은 것은?

① 고용노동부장관은 산업구조 변화에 따른 사업의 전환으로 고용조정이 불가피하게 된 사업주가 근로자에 대한 휴직, 인력의 재배치 등을 실시하면 그 사업주에게 필요한 지원을 할 수 있다.

② 경영상 이유에 따른 사업주의 권고에 따라 퇴직이 예정된 자를 1개월 동안 이직시키지 아니한 경우에는 고용유지지원금을 지급한다.

③ 사업주가 고용유지조치 기간 동안 근로자를 새로 고용하는 경우에는 관할 직업안정기관의 장이 불가피하다고 인정하는 경우를 제외하고는 해당 달에 대한 고용유지지원금을 지급하지 아니한다.

④ 고용노동부장관은 신고한 고용유지조치계획과 다르게 고용유지조치를 이행한 사업주에게는 해당 사실이 발생한 날이 속한 달에 대한 고용유지지원금의 전부 또는 일부를 지급하지 아니할 수 있다.

⑤ 고용유지지원금을 받으려는 사업주는 그 사업의 근로자대표와 협의를 거쳐 고용유지조치계획을 수립해야 한다.

정답   **06** ④   **07** ③   **08** ②, ④   **09** ②

해설 ② 일용근로자, 「근로기준법」 제26조에 따라 해고가 예고된 사람, 경영상 이유에 따른 사업주의 권고에 따라 퇴직이 예정된 사람 및 사업주(사업주가 법인인 경우에는 그 대표자를 말한다)의 배우자 및 직계존속·비속은 제외한다(고용보험법 시행령 제19조 제1항).

10 고용보험법령상 자영업자인 피보험자에 대한 실업급여 적용의 특례에 관한 내용으로 옳은 것은?

① 자영업자인 피보험자의 실업급여의 종류에는 조기재취업 수당은 제외한다.
② 자영업자인 피보험자의 실업급여에는 취업촉진 수당이 포함되지 아니한다.
③ 자영업자인 피보험자로서 폐업한 수급자격자에 대한 구직급여일액은 그 수급자격자의 기초일액에 100분의 50을 곱한 금액으로 한다.
④ 폐업사유에 관계없이 수급자격이 인정된다.
⑤ 폐업한 자영업자인 피보험자의 구직급여 수급요건에 재취업을 위한 노력을 적극적으로 하는 것은 포함되지 아니한다.

해설 ① 연장급여와 조기재취업 수당은 제외한다(고용보험법 제69조의2 단서).
② 자영업자인 피보험자의 실업급여에는 취업촉진 수당이 포함된다(동법 제37조). 조기재취업수당만 제외된다(동법 제69조의2).
③ 자영업자인 피보험자로서 폐업한 수급자격자에 대한 구직급여일액은 그 수급자격자의 기초일액에 100분의 60을 곱한 금액으로 한다(동법 제69조의5).
④ 폐업한 자영업자인 피보험자가 다음 각 호의 어느 하나에 해당한다고 직업안정기관의 장이 인정하는 경우에는 수급자격이 없는 것으로 본다(동법 제69조의7).
　1. 법령을 위반하여 허가 취소를 받거나 영업 정지를 받음에 따라 폐업한 경우
　2. 방화(放火) 등 피보험자 본인의 중대한 귀책사유로서 고용노동부령으로 정하는 사유로 폐업한 경우
　3. 매출액 등이 급격하게 감소하는 등 고용노동부령으로 정하는 사유가 아닌 경우로서 전직 또는 자영업을 다시 하기 위하여 폐업한 경우
　4. 그 밖에 고용노동부령으로 정하는 정당한 사유에 해당하지 아니하는 사유로 폐업한 경우
⑤ 폐업한 자영업자인 피보험자의 구직급여 수급요건에 재취업을 위한 노력을 적극적으로 하는 것은 포함된다(동법 제69조의3 제4호).

11 산업재해보상보험법에 관한 설명으로 옳은 것을 모두 고른 것은?

> ㄱ. 근로자의 보험급여를 받을 권리는 퇴직하여도 소멸되지 아니한다.
> ㄴ. 수급권의 대위 규정에 따른 보험가입자의 권리는 3년간 행사하지 아니하면 시효로 말미암아 소멸한다.
> ㄷ. 보험급여에 관한 공단의 결정에 불복하는 자의 심사 청구는 보험급여 결정이 있음을 안 날로부터 180일 이내에 하여야 한다.

① ㄱ
② ㄴ
③ ㄱ, ㄴ
④ ㄴ, ㄷ
⑤ ㄱ, ㄴ, ㄷ

해설 ㄷ. 심사 청구는 보험급여 결정등이 있음을 안 날부터 90일 이내에 하여야 한다(산업재해보상보험법 제103조 제3항).

12 산업재해보상보험법령상 업무상의 재해에 해당하는 것을 모두 고른 것은? (다툼이 있으면 판례에 따름)

> ㄱ. 휴게시간 중 사업주의 지배관리하에 있다고 볼 수 있는 행위로 발생한 사고
> ㄴ. 사업주의 지시에 따라 참여한 행사 중에 발생한 사고
> ㄷ. 업무와 관련하여 정신적 충격을 유발할 수 있는 사건에 의해 발생한 외상후스트레스장애
> ㄹ. 사업주가 제공한 교통수단을 이용하는 등 사업주의 지배관리하에서 출퇴근하는 중 발생한 사고

① ㄱ, ㄷ
② ㄴ, ㄹ
③ ㄱ, ㄴ, ㄹ
④ ㄴ, ㄷ, ㄹ
⑤ ㄱ, ㄴ, ㄷ, ㄹ

해설 ⑤ ㄱ, ㄴ, ㄷ, ㄹ. 모두 업무상의 재해에 해당한다.
ㄱ. 산업재해보상보험법 제37조 제1항 제1호 마목
ㄴ. 동법 제37조 제1항 제1호 라목
ㄷ. 동법 시행령 제34조 제3항 관련 [별표 3] 제4호 바목
ㄹ. 동법 제37조 제1항 제3호 가목

정답 10 ① 11 ③ 12 ⑤

13 산업재해보상보험법령상 보험급여에 관한 설명으로 옳지 않은 것은?

① 장해급여 청구사유 발생 당시 대한민국 국민이 아닌 자로서 외국에서 거주하고 있는 근로자에게는 장해보상일시금을 지급한다.

② 2급 장해등급 근로자에게는 장해보상연금 또는 장해보상일시금을 근로자의 선택에 따라 지급한다.

③ 장례비는 장례를 지낼 유족이 없는 경우에는 평균임금의 120일분에 상당하는 금액의 범위에서 실제 드는 비용을 그 장례를 지낸 자에게 지급한다.

④ 상병보상연금을 산정할 때 평균임금이 최저임금액의 70분의 100보다 적을 때에는 최저임금액의 70분의 100에 해당하는 금액을 평균임금으로 본다.

⑤ 요양급여는 소정의 산재보험 의료기관에서 요양을 하게 하는 것이고 부득이한 경우에는 요양을 갈음하여 요양비를 지급할 수 있다.

> **해설** ② 2급 장해등급 근로자는 대통령령으로 정한 노동력을 완전히 상실한 장해등급(1급~3급)에 해당하는 자이므로, 산업재해보상법 제57조 제3항 단서에 따라 장해보상연금을 지급한다.

14 산업재해보상보험법에 관한 설명으로 옳은 것은?

① 근로자를 진료한 산재보험 의료기관은 요양급여의 신청을 대행할 수 없다.

② 보험급여는 지급결정일로부터 30일 이내에 지급하여야 한다.

③ 근로복지공단은 제3자의 행위에 따른 재해로 보험급여를 지급한 경우에는 손해배상청구권을 대위할 수 없다.

④ 요양급여가 지급된 후 그 지급결정이 취소된 경우 국민건강보험공단은 그 건강보험 요양급여액을 근로복지공단에 청구할 수 있다.

⑤ 보험급여로서 지급된 금품에 대하여는 국가나 지방자치단체의 공과금을 부과하지 아니한다.

> **해설** ① 근로자를 진료한 산재보험 의료기관은 그 근로자의 재해가 업무상의 재해로 판단되면 그 근로자의 동의를 받아 요양급여의 신청을 대행할 수 있다(산업재해보상보험법 제41조 제2항).
> ② 보험급여는 지급 결정일부터 14일 이내에 지급하여야 한다(동법 제82조 제1항).
> ③ 공단은 제3자의 행위에 따른 재해로 보험급여를 지급한 경우에는 그 급여액의 한도 안에서 급여를 받은 사람의 제3자에 대한 손해배상청구권을 대위(代位)한다(동법 제87조 제1항 전단).
> ④ 요양급여가 지급된 후 그 지급결정이 취소된 경우 근로복지공단은 그 건강보험 요양급여액을 국민건강보험공단 등에 청구할 수 있다(동법 제90조 제2항).

15 산업재해보상보험법령상 특수형태근로종사자의 직종에 해당하는 자는?

① 여신전문금융업법에 따른 신용카드회원 모집인
② 예술인복지법에 따른 예술인
③ 화물자동차 운수사업법에 따른 화물자동차 운송사업자
④ 자동차관리법에 따른 자동차정비업자
⑤ 여객자동차 운수사업법에 따른 여객자동차 운송사업자

> **해설** ① 산업재해보상보험법 시행령 제83조의5 제8호, 산업안전보건법 제67조 제8호
>
> 개정 전 산업재해보상보험법의 '특수형태근로종사자'는 법 개정으로 산업안전보건법 시행령 제67조에서 정하고 있으며, 산업재해보상보험법에서는 '노무제공자'를 정하고 있다. 이와 관련하여 산업재해보상보험법 시행령 제83조의5에서는 '노무제공자의 범위'를 정하고 있다.

16 산업재해보상보험법상 과태료 부과 대상이 아닌 경우는?

① 거짓으로 보험급여를 받은 경우
② 심사청구의 심리·결정 등을 위하여 확인이 필요하다고 인정된 사업자의 조사를 거부한 경우
③ 보험급여 결정 등을 위하여 확인이 필요하다고 인정된 사업장의 조사를 방해한 경우
④ 유사명칭의 사용 금지를 위반하여 근로복지공단 또는 이와 비슷한 명칭을 사용한 경우
⑤ 요양기간을 연장할 필요가 있는 때 제출해야 할 진료계획을 정당한 사유 없이 제출하지 아니한 경우

> **해설** ① 거짓으로 보험급여를 받은 경우 부당이득 징수 대상이나, 과태료 부과 대상은 아니다.
>
> 거짓으로 보험급여를 받은 경우 2년 이하의 징역 또는 2천만원 이하의 벌금에 처한다(산업재해보상보험법 제127조 제3항 제1호).

정답 13 ② 14 ⑤ 15 ① 16 ①

17 국민연금법상 사업장가입자 자격의 상실 사유에 해당하는 것을 모두 고른 것은?

> ㄱ. 사망한 때
> ㄴ. 60세가 된 때
> ㄷ. 사용관계가 끝난 때
> ㄹ. 국적을 상실하거나 국외로 이주한 때

① ㄱ, ㄴ
② ㄱ, ㄴ, ㄷ
③ ㄱ, ㄷ, ㄹ
④ ㄴ, ㄷ, ㄹ
⑤ ㄱ, ㄴ, ㄷ, ㄹ

해설 사업장가입자는 다음 각 호의 어느 하나에 해당하게 된 날의 다음 날에 자격을 상실한다. 다만, 제5호의 경우에는 그에 해당하게 된 날에 자격을 상실한다(국민연금법 제12조 제1항).
1. 사망한 때
2. 국적을 상실하거나 국외로 이주한 때
3. 사용관계가 끝난 때
4. 60세가 된 때
5. 제6조 단서에 따른 국민연금 가입 대상 제외자에 해당하게 된 때

18 국민연금법상 (　　　)에 들어갈 내용을 순서대로 옳게 나열한 것은?

> 배우자의 가입기간 중의 혼인기간이 (　　　)년 이상인 자가 배우자와 이혼하였을 것, 배우자였던 사람이 노령연금 수급권자일 것, (　　　)세가 되었을 것의 요건을 모두 갖추면 그때부터 그가 생존하는 동안 배우자였던 자의 노령연금을 분할한 일정한 금액의 연금을 받을 수 있다.

① 1, 55
② 3, 55
③ 3, 60
④ 5, 55
⑤ 5, 60

해설 혼인기간(배우자의 가입기간 중의 혼인기간으로서 별거, 가출 등의 사유로 인하여 실질적인 혼인관계가 존재하지 아니하였던 기간을 제외한 기간을 말한다)이 (5)년 이상인 자가 다음 각 호의 요건을 모두 갖추면 그때부터 그가 생존하는 동안 배우자였던 자의 노령연금을 분할한 일정한 금액의 연금(이하 "분할연금"이라 한다)을 받을 수 있다(국민연금법 제64조).
1. 배우자와 이혼하였을 것
2. 배우자였던 사람이 노령연금 수급권자일 것
3. (60)세가 되었을 것

19 **국민건강보험법령상 보험급여의 제한에 관한 내용으로 옳지 않은 것은?**

① 공단은 보험급여를 제한하는 경우에는 지체없이 구두로 그 내용과 사유를 가입자에게 알려야 한다.

② 공단은 보험급여를 받을 수 있는 사람이 중대한 과실로 요양기관의 요양에 관한 지시에 따르지 아니한 경우에는 보험급여를 하지 아니한다.

③ 공단은 보험급여를 받을 수 있는 사람이 다른 법령에 따라 국가나 지방자치단체로부터 보험급여에 상당하는 급여를 받은 경우에는 그 한도에서 보험급여를 하지 아니한다.

④ 공단은 보험급여를 받을 수 있는 사람이 업무로 생긴 질병으로 다른 법령에 따른 보험급여를 받게 된 경우에는 보험급여를 하지 아니한다.

⑤ 공단은 보험급여를 받을 수 있는 사람이 고의로 사고를 일으킨 경우에는 보험급여를 하지 아니한다.

> **해설** ① 공단은 법 제53조 및 제109조 제10항·제11항에 따라 보험급여를 제한하는 경우에는 문서로 그 내용과 사유를 가입자에게 알려야 한다(국민건강보험법 시행규칙 제27조 제1항).

20 **국민건강보험법상 보험료에 관한 내용으로 옳지 않은 것은?**

① 보험료는 가입자의 자격을 매월 1일에 취득하는 경우에는 다음 달부터 가입자의 자격을 잃은 날의 전날이 속하는 달까지 징수한다.

② 휴직으로 보수의 전부 또는 일부가 지급되지 아니하는 가입자의 보수월액보험료는 해당 사유가 생기기 전 달의 보수월액을 기준으로 한다.

③ 보험료부과점수의 산정방법과 산정기준을 정할 때 법령에 따라 재산권의 행사가 제한되는 재산에 대하여는 다른 재산과 달리 정할 수 있다.

④ 직장가입자의 소득월액보험료는 직장가입자가 부담한다.

⑤ 지역가입자의 보험료는 그 가입자가 속한 세대의 지역가입자 전원이 연대하여 부담한다.

> **해설** ① 가입자의 자격을 매월 1일에 취득한 경우에는 그 달부터 징수한다(국민건강보험법 제69조 제2항 단서).

21 고용보험 및 산업재해보상보험의 보험료징수 등에 관한 법률상 근로복지공단의 업무가 아닌 것은?

① 고용보험료의 월별 부과

② 환수대상이 되는 고용보험료의 지원금의 징수

③ 사업주가 법이 정한 기한까지 확정보험료를 신고하지 않은 경우 부과한 보험료 가산금의 징수

④ 사업주가 법이 정한 납부기한까지 보험료를 내지 아니한 경우 보험료 연체금의 징수

⑤ 사업주가 산재보험료의 납부를 게을리한 기간 중에 발생한 재해에 대하여 산재보험급여를 지급하는 경우 사업주로부터 그 급여에 해당하는 금액의 징수

해설 ④ 보험료 연체금의 징수는 건강보험공단의 업무이다(고용산재보험료징수법 제25조).

22 고용보험 및 산업재해보상보험의 보험료징수 등에 관한 법령상 보험료 등의 분할 납부에 관한 설명으로 옳은 것은?

① 사업주는 납부기한이 지난 고용보험료의 분할 납부의 승인을 근로복지공단에 신청할 수 있다.

② 사업주는 분할 납부를 신청하는 경우에는 사업주의 재산 목록을 제출하여야 한다.

③ 근로복지공단은 사업주의 총 재산의 추정가액이 보험료의 총액을 넘는 경우에는 보험료의 분할 납부를 승인하여야 한다.

④ 근로복지공단은 분할 납부 승인을 받은 사업주가 분할 납부하여야 하는 보험료를 정당한 사유 없이 내지 아니한 경우에는 분할 납부의 승인을 취소할 수 있다.

⑤ 분할 납부의 총 기간은 분할 납부의 승인을 받은 날의 다음 날부터 3년 이내로 한다.

해설 ① 사업주는 납부기한이 지난 고용보험료의 분할 납부의 승인을 건강보험공단에 신청할 수 있다(고용산재보험료징수법 제27조의3 제1항).

③ 건강보험공단은 사업주의 총 재산의 추정가액이 보험료의 총액을 넘는 경우에는 보험료의 분할 납부를 승인하여야 한다.

④ 건강보험공단은 분할 납부 승인을 받은 사업주가 분할 납부하여야 하는 보험료를 정당한 사유 없이 내지 아니한 경우에는 분할 납부의 승인을 취소할 수 있다(동법 제27조의3 제4항).

⑤ 분할 납부의 총 기간은 분할 납부의 승인을 받은 날의 다음 날부터 2년 이내로 한다(동법 시행규칙 제32조의3 제2항).

23 고용보험 및 산업재해보상보험의 보험료징수 등에 관한 법령상 징수 및 체납처분 등에 관한 설명으로 옳은 것은?

① 상속이 개시된 경우 피상속인에 대한 처분의 효력은 상속인에게 미치지 않는다.

② 근로복지공단은 월별보험료의 독촉을 받은 자가 그 기한까지 내지 아니한 경우에는 국세 체납처분의 예에 따라 이를 징수할 수 있다.

③ 한국자산관리공사는 공매대행의 의뢰를 받은 날부터 2년 이내에 공매되지 않은 재산이 있으면 국민건강보험공단에 그 재산에 대한 공매대행 의뢰의 해제를 요구할 수 있다.

④ 국민건강보험공단은 독촉할 경우 그 납부기한은 독촉장 발급일부터 7일 이상의 여유가 있도록 하여야 한다.

⑤ 사업주가 국세를 체납하여 체납처분을 받은 경우 보험료의 총액이 500만원이라면 납부 기한 전에 이미 납부의무가 확정된 보험료를 징수할 수 없다.

해설
① 상속이 개시된 때에 그 상속인(「민법」 제1078조에 따라 포괄적 유증을 받은 자를 포함한다) 또는 「민법」 제1053조에 따른 상속재산관리인(이하 "상속재산관리인"이라 한다)은 피상속인에게 부과되거나 그 피상속인이 내야 하는 보험료, 이 법에 따른 그 밖의 징수금과 체납처분비를 상속 받은 재산의 한도에서 낼 의무를 진다(고용산재보험료징수법 제28조의3 제1항).

② 건강보험공단은 독촉을 받은 자가 그 기한까지 보험료나 이 법에 따른 그 밖의 징수금을 내지 아니한 경우에는 고용노동부장관의 승인을 받아 국세 체납처분의 예에 따라 이를 징수할 수 있다 (동법 제28조 제1항).

④ 건강보험공단은 독촉을 하는 경우에는 독촉장을 발급하여야 한다. 이 경우의 납부기한은 독촉장 발급일부터 10일 이상의 여유가 있도록 하여야 한다(동법 제27조 제3항).

⑤ 공단 또는 건강보험공단은 사업주에게 다음 각 호의 어느 하나에 해당하는 사유가 있는 경우에는 납부기한 전이라도 이미 납부의무가 확정된 보험료, 이 법에 따른 그 밖의 징수금을 징수할 수 있다. 다만, 보험료와 이 법에 따른 그 밖의 징수금의 총액이 500만원 미만인 경우에는 그러하지 아니하다(동법 제27조의2 제1항).
   1. 국세를 체납하여 체납처분을 받은 경우
   2. 지방세 또는 공과금을 체납하여 체납처분을 받은 경우
   3. 강제집행을 받은 경우
   4. 「어음법」 및 「수표법」에 따른 어음교환소에서 거래정지처분을 받은 경우
   5. 경매가 개시된 경우
   6. 법인이 해산한 경우

24 고용보험 및 산업재해보상보험의 보험료징수 등에 관한 법률상 징수금의 결손처분에 해당하는 사유를 모두 고른 것은?

> ㄱ. 경매가 개시된 경우
> ㄴ. 소멸시효가 완성된 경우
> ㄷ. 체납자의 행방이 분명하지 않아 징수할 가능성이 없다고 인정되는 경우
> ㄹ. 체납처분이 끝나고 체납액에 충당된 배분금액이 그 체납액보다 적은 경우

① ㄷ
② ㄴ, ㄷ
③ ㄴ, ㄹ
④ ㄴ, ㄷ, ㄹ
⑤ ㄱ, ㄴ, ㄷ, ㄹ

해설 건강보험공단은 다음 각 호의 어느 하나에 해당하는 사유가 있을 때에는 고용노동부장관의 승인을 받아 보험료와 이 법에 따른 그 밖의 징수금을 결손처분할 수 있다(고용산재보험료징수법 제29조 제1항).
1. 체납처분이 끝나고 체납액에 충당된 배분금액이 그 체납액보다 적은 경우
2. 소멸시효가 완성된 경우
3. 징수할 가능성이 없다고 인정하여 대통령령(시행령 제41조 제1항)으로 정하는 경우

25 고용보험 및 산업재해보상보험의 보험료징수 등에 관한 법률상 (   )에 들어갈 내용을 순서대로 옳게 나열한 것은?

> • 산재보험의 가입자인 사업주가 그 사업을 운영하다가 근로자를 고용하지 아니하게 되었을 때에는 그 날부터 (   )의 범위에서 근로자를 사용하지 아니한 기간에도 보험에 가입한 것으로 본다.
> • 고용보험료율은 보험수지의 동향과 경제상황 등을 고려하여 (   )의 범위에서 고용안정·직업능력개발사업의 보험료율 및 실업급여의 보험료율로 구분하여 대통령령으로 정한다.

① 6개월, 1,000분의 15
② 6개월, 1,000분의 30
③ 1년, 1,000분의 15
④ 1년, 1,000분의 30
⑤ 3년, 1,000분의 30

해설 • 산재보험의 가입자인 사업주가 그 사업을 운영하다가 근로자를 고용하지 아니하게 되었을 때에는 그 날부터 (1년)의 범위에서 근로자를 사용하지 아니한 기간에도 보험에 가입한 것으로 본다(고용산재보험료징수법 제6조 제3항).
• 고용보험료율은 보험수지의 동향과 경제상황 등을 고려하여 (1,000분의 30)의 범위에서 고용안정·직업능력개발사업의 보험료율 및 실업급여의 보험료율로 구분하여 대통령령으로 정한다(고용산재보험료징수법 제49조의2 제7항).

정답   24 ④   25 ④

01 사회보장기본법상 내용으로 옳은 것은?

① 사회보장위원회는 사회보장급여 관련 업무에 공통적으로 적용되는 기준을 마련하여야 한다.

② 사회보장 비용의 부담은 각각의 사회보장제도의 목적에 따라 국가, 지방자치단체가 민간부문보다 우선적으로 부담하여야 한다.

③ 국가와 지방자치단체는 관계 법령에서 정하는 바에 따라 공표된 최저보장수준과 최저임금 등을 고려하여 사회보장급여의 수준을 결정하여야 한다.

④ 사회보험에 드는 비용은 수익자가 부담함을 원칙으로 하되, 관계 법령에서 정하는 바에 따라 국가가 그 비용의 전부 또는 일부를 부담할 수 있다.

⑤ 사회보장에 관한 기본계획은 다른 법령에 따라 수립되는 사회보장에 관한 계획을 제외한 모든 계획의 기본이 된다.

해설 ③ 국가와 지방자치단체는 최저보장수준과 최저임금 등을 고려하여 사회보장급여의 수준을 결정하여야 한다(사회보장기본법 제10조 제3항).

① 보건복지부장관은 사회보장급여 관련 업무에 공통적으로 적용되는 기준을 마련할 수 있다(동법 제26조 제5항).

② 사회보장 비용의 부담은 각각의 사회보장제도의 목적에 따라 국가, 지방자치단체 및 민간부문 간에 합리적으로 조정되어야 한다(동법 제28조 제1항).

④ 사회보험에 드는 비용은 사용자, 피용자(被傭者) 및 자영업자가 부담하는 것을 원칙으로 하되, 관계 법령에서 정하는 바에 따라 국가가 그 비용의 일부를 부담할 수 있다(동법 제28조 제2항).

⑤ 기본계획은 다른 법령에 따라 수립되는 사회보장에 관한 계획에 우선하며 그 계획의 기본이 된다(동법 제17조).

02 **사회보장기본법상 사회보장수급권에 관한 내용으로 옳지 않은 것은?**

① 사회보장수급권은 관계 법령에서 정하는 바에 따라 다른 사람에게 양도하거나 담보로 제공할 수 없다.

② 사회보장수급권은 관계 법령에서 따로 정하고 있는 경우 외에는 제한되거나 정지될 수 없다.

③ 사회보장수급권이 제한되는 경우에는 제한하는 목적에 필요한 최소한의 범위에 그쳐야 한다.

④ 사회보장수급권은 정당한 권한이 있는 기관에 서면으로 통지하여 포기할 수 있다.

⑤ 사회보장수급권의 포기는 취소할 수 없다.

> 해설 ⑤ 사회보장수급권의 포기는 취소할 수 있다(사회보장기본법 제14조 제2항).

03 **사회보장기본법에 관한 내용이다. (   ) 안에 들어갈 내용을 순서대로 옳게 나열한 것은?**

> • 보건복지부장관은 관계 중앙행정기관의 장과 협의하여 사회보장 증진을 위하여 사회보장에 관한 기본계획을 (   )마다 수립하여야 한다.
> • 보건복지부장관은 사회보장제도의 안정적인 운영을 위하여 중장기 사회보장 재정추계를 적어도 (   )마다 실시하고 이를 공표하여야 한다.

① 3년, 매년   ② 3년, 격년
③ 5년, 매년   ④ 5년, 격년
⑤ 5년, 3년

> 해설 • 보건복지부장관은 관계 중앙행정기관의 장과 협의하여 사회보장 증진을 위하여 사회보장에 관한 기본계획을 (5년)마다 수립하여야 한다(사회보장기본법 제16조 제1항).
> • 보건복지부장관은 사회보장제도의 안정적인 운영을 위하여 중장기 사회보장 재정추계를 적어도 (3년)마다 실시하고 이를 공표하여야 한다(사회보장기본법 제30조의3 제1항).

정답 ▶ 01 ③ 02 ⑤ 03 ⑤

04 근로자 甲은 소정근로시간을 1주간 40시간에서 30시간으로 육아기 근로시간 단축을 실시하였다. 육아기 근로시간 단축 개시일을 기준으로 근로기준법에 따라 산정한 월 통상임금이 월 200만원이라고 할 경우, 甲이 1개월간 고용보험법령상 받을 수 있는 육아기 근로시간 단축 급여액은? (단, 육아기 근로시간 단축 급여의 감액 사유는 없음)

① 20만원　　　　　　　　　　② 30만원
③ 40만원　　　　　　　　　　④ 50만원
⑤ 60만원

> **해설** ④ 육아기 근로시간 단축 급여(고용보험법 시행령 제104조의2 제2항)
> (매주 최초 10시간 단축분)
> 육아기 근로시간 단축 개시일을 기준으로 근로기준법에 따라 산정한 월 통상임금에 해당하는 금액(220만원을 상한액으로 하고, 50만원을 하한액으로 한다) × [10(주당 단축 근로시간이 10시간 미만인 경우 실제 단축한 시간) / 단축 전 소정근로시간] = 200 × (10 / 40) = 50만원

05 고용보험법령상 고용창출에 대한 지원을 받을 수 있는 경우가 아닌 것은?

① 교대근로 개편을 통하여 실업자를 고용함으로써 근로자 수가 증가한 경우
② 시간제직무 개발을 통하여 실업자를 근로계약기간을 정하지 않고 시간제로 근무하는 형태로 하여 새로 고용하는 경우
③ 고용보험위원회에서 심의·의결한 인력수급 불일치 업종에 해당하는 기업이 실업자를 고용하는 경우
④ 고용노동부장관이 정하는 시설을 설치·운영하여 고용환경을 개선하고 실업자를 고용하여 근로자 수가 증가한 경우
⑤ 고용보험위원회에서 심의·의결한 업종에 해당하는 대규모기업이 직업안정기관의 장이 정하는 전문적인 자격을 갖춘 자를 고용하는 경우

> **해설** ⑤ 대규모기업이 아닌 우선지원대상기업이다.
>
> **고용창출에 대한 지원(고용보험법 시행령 제17조 제1항)**
> 1. 근로시간 단축, 교대근로 개편, 정기적인 교육훈련 또는 안식휴가 부여 등(이하 "일자리 함께하기"라 한다)을 통하여 실업자를 고용함으로써 근로자 수가 증가한 경우
> 2. 고용노동부장관이 정하는 시설을 설치·운영하여 고용환경을 개선하고 실업자를 고용하여 근로자 수가 증가한 경우
> 3. 직무의 분할, 근무체계 개편 또는 시간제직무 개발 등을 통하여 실업자를 근로계약기간을 정하지 않고 시간제로 근무하는 형태로 하여 새로 고용하는 경우
> 4. 위원회에서 심의·의결한 성장유망업종, 인력수급 불일치 업종, 국내복귀기업 또는 지역특화산업 등 고용지원이 필요한 업종에 해당하는 기업이 실업자를 고용하는 경우

5. 위원회에서 심의·의결한 업종에 해당하는 우선지원대상기업이 고용노동부장관이 정하는 전문적인 자격을 갖춘 자(이하 "전문인력"이라 한다)를 고용하는 경우
6. 제28조에 따른 임금피크제, 제28조의2에 따른 임금을 감액하는 제도 또는 그 밖의 임금체계 개편 등을 통하여 15세 이상 34세 이하의 청년 실업자를 고용하는 경우
7. 고용노동부장관이 「고용상 연령차별 금지 및 고령자고용촉진에 관한 법률」 제2조 제1호 또는 제2호에 따른 고령자 또는 준고령자가 근무하기에 적합한 것으로 인정하는 직무에 고령자 또는 준고령자를 새로 고용하는 경우

06 고용보험법상 용어에 관한 정의로 옳은 것을 모두 고른 것은?

> ㄱ. 실업 : 근로의 의사와 능력이 있음에도 불구하고 취업하지 못한 상태에 있는 것
> ㄴ. 일용근로자 : 1일 단위로 근로계약이 체결되는 근로자
> ㄷ. 이직(離職) : 피보험자가 사업주와의 고용관계를 종료한 후, 신규사업주와 근로계약을 체결하는 것

① ㄱ
② ㄱ, ㄴ
③ ㄱ, ㄷ
④ ㄴ, ㄷ
⑤ ㄱ, ㄴ, ㄷ

해설 ㄴ : 일용근로자란 1개월 미만 동안 고용되는 사람을 말한다(고용보험법 제2조 제6호).
ㄷ : 이직(離職)이란 피보험자와 사업주 사이의 고용관계가 끝나게 되는 것을 말한다(동법 제2조 제2호).

07 고용보험법상 구직급여의 소정급여일수로 옳은 것은?

① 피보험기간 4년, 이직일 현재 25세인 비장애인 : 90일
② 피보험기간 2년, 이직일 현재 35세인 장애인 : 120일
③ 피보험기간 4년, 이직일 현재 40세인 비장애인 : 180일
④ 피보험기간 6년, 이직일 현재 30세인 장애인 : 180일
⑤ 피보험기간 10년, 이직일 현재 45세인 비장애인 : 210일

정답 04 ④ 05 ⑤ 06 ① 07 ③

해설 구직급여의 소정급여일수(고용보험법 제50조 제1항 관련 [별표 1])

구분		피보험기간				
		1년 미만	1년 이상 3년 미만	3년 이상 5년 미만	5년 이상 10년 미만	10년 이상
이직일 현재 연령	50세 미만	120일	150일	180일	210일	240일
	50세 이상	120일	180일	210일	240일	270일

※ 장애인고용촉진 및 직업재활법 제2조 제1호에 따른 장애인은 50세 이상인 것으로 보아 위 표를 적용한다.

08 고용보험법상 위반시 징역 또는 벌금에 처해지는 행위를 모두 고른 것은?

ㄱ. 거짓으로 육아휴직 급여를 받은 경우
ㄴ. 피보험자격의 취득 및 상실 등에 관한 사항을 고용노동부장관에게 신고하지 아니한 경우
ㄷ. 이직확인서를 고용노동부장관에 거짓으로 작성하여 제출한 경우

① ㄱ
② ㄱ, ㄴ
③ ㄱ, ㄷ
④ ㄴ, ㄷ
⑤ ㄱ, ㄴ, ㄷ

해설 ㄴ, ㄷ은 과태료 부과사유이다.

벌칙(고용보험법 제116조)

① 사업주와 공모하여 거짓이나 그 밖의 부정한 방법으로 다음 각 호에 따른 지원금 또는 급여를 받은 자와 공모한 사업주는 각각 5년 이하의 징역 또는 5천만원 이하의 벌금에 처한다.
   1. 제3장에 따른 고용안정·직업능력개발 사업의 지원금
   2. 제4장에 따른 실업급여
   3. 제5장에 따른 육아휴직 급여, 육아기 근로시간 단축 급여 및 출산전후휴가 급여 등
   4. 제5장의2 및 제5장의3에 따른 구직급여 및 출산전후급여 등
② 다음 각 호의 어느 하나에 해당하는 자는 3년 이하의 징역 또는 3천만원 이하의 벌금에 처한다.
   1. 제105조(제77조의5 제3항·제4항 및 제77조의10 제3항·제4항에서 준용하는 경우를 포함한다)를 위반하여 근로자를 해고하거나 그 밖에 근로자에게 불이익한 처우를 한 사업주
   2. 거짓이나 그 밖의 부정한 방법으로 제1항 각 호에 따른 지원금 또는 급여를 받은 자. 다만, 제1항에 해당하는 경우는 제외한다.

09 **고용보험법상 고용보험기금에 관한 설명으로 옳지 않은 것은?**

① 고용노동부장관은 매년 고용보험기금운용 계획을 세워 고용보험위원회 및 국무회의의 심의를 거쳐 대통령의 승인을 받아야 한다.

② 고용보험기금을 지출할 때 자금 부족이 발생한 경우에는 고용보험기금의 부담으로 금융기관·다른 기금과 그 밖의 재원 등으로부터 차입을 할 수 있다.

③ 고용노동부장관은 매년 고용보험기금의 운용 결과에 대하여 고용보험위원회의 심의를 거쳐 공표하여야 한다.

④ 고용보험기금의 관리·운용에 관한 세부 사항은 국고금관리법의 규정에 따른다.

⑤ 고용보험기금의 결산상 손실금이 생기면 적립금을 사용하여 이를 보전(補塡)할 수 있다.

> **해설** ④ 고용보험기금의 관리·운용에 관한 세부 사항은 국가재정법의 규정에 따른다(고용보험법 제79조 제2항).

10 **산업재해보상보험법령상의 보험급여의 내용으로 옳지 않은 것은?**

① 장해급여 청구사유 발생 당시 대한민국 국민이 아닌 자로서 외국에서 거주하고 있는 근로자에게는 장해보상일시금을 지급한다.

② 간병급여 수급권자가 재요양을 받는 경우 그 재요양 기간 중에는 간병급여를 지급하지 않는다.

③ 유족보상일시금은 근로자가 사망할 당시 유족보상연금을 받을 수 있는 자격이 있는 사람이 없는 경우에 지급한다.

④ 유족급여는 근로자가 업무상의 사유로 사망한 경우에 유족에게 지급한다.

⑤ 장례비는 유족이 아닌 자가 장례를 지낸 경우에는 평균임금의 120일분을 그 장례를 지낸 자에게 지급한다.

> **해설** ⑤ 장례비는 근로자가 업무상의 사유로 사망한 경우에 지급하되, 평균임금의 120일분에 상당하는 금액을 그 장례를 지낸 유족에게 지급한다. 다만, 장례를 지낼 유족이 없거나 그 밖에 부득이한 사유로 유족이 아닌 사람이 장례를 지낸 경우에는 **평균임금의 120일분에 상당하는 금액의 범위에서 실제 드는 비용**을 그 장례를 지낸 사람에게 지급한다(산재보험법 제71조 제1항).

정답 ▶ 08 ① 09 ④ 10 ⑤

11 산업재해보상보험법상 심사청구의 제기와 관련한 내용으로 옳지 않은 것은?

① 심사청구는 그 보험급여 결정 등을 한 근로복지공단의 소속 기관을 거쳐 근로복지공단에 제기하여야 한다.

② 심사청구는 보험급여 결정 등이 있음을 안 날부터 90일 이내에 하여야 한다.

③ 심사청구서를 받은 근로복지공단의 소속 기관은 5일 이내에 의견서를 첨부하여 근로복지공단에 보내야 한다.

④ 보험급여 결정 등에 대하여 행정심판법에 따른 행정심판을 제기할 수 있다.

⑤ 약제비에 관한 근로복지공단의 결정에 불복하는 자는 근로복지공단에 심사청구를 할 수 있다.

> **해설** ④ 보험급여 결정 등에 대하여는 행정심판법에 따른 행정심판을 제기할 수 없다(산업재해보상보험법 제103조 제5항).

12 산업재해보상보험법 제54조(저소득 근로자의 휴업급여)에 관한 내용이다. (　　) 안에 들어갈 내용을 순서대로 옳게 나열한 것은?

> 1일당 휴업급여 지급액이 최저 보상기준 금액의 100분의 (　　)보다 적거나 같으면 그 근로자에 대하여는 평균임금의 100분의 (　　)에 상당하는 금액을 1일당 휴업급여 지급액으로 한다.

① 70, 80　　　　　　　　　　　② 80, 80
③ 80, 90　　　　　　　　　　　④ 85, 90
⑤ 90, 90

> **해설** 저소득 근로자의 휴업급여(산업재해보상보험법 제54조)
> ① 제52조에 따라 산정한 1일당 휴업급여 지급액이 최저 보상기준 금액의 100분의 (**80**)보다 적거나 같으면 그 근로자에 대하여는 평균임금의 100분의 (**90**)에 상당하는 금액을 1일당 휴업급여 지급액으로 한다. 다만, 그 근로자의 평균임금의 100분의 90에 상당하는 금액이 최저 보상기준 금액의 100분의 80보다 많은 경우에는 최저 보상기준 금액의 100분의 80에 상당하는 금액을 1일당 휴업급여 지급액으로 한다.
> ② 제1항 본문에 따라 산정한 휴업급여 지급액이 최저임금액보다 적으면 그 최저임금액을 그 근로자의 1일당 휴업급여 지급액으로 한다.

13 산업재해보상보험법령상 특수형태근로종사자가 아닌 것은?

① 한국표준직업분류표의 세분류에 따른 택배원인 사람으로서 택배사업에서 배송업무를 하는 사람

② 농업협동조합법에 따른 공제를 모집하는 사람

③ 대부업 등의 등록 및 금융이용자 보호에 관한 법률 제3조 제1항 단서에 따른 대출 모집인

④ 여신전문금융업법 제14조의2 제1항 제2호에 따른 신용카드회원 모집인

⑤ 고용노동부장관이 정하는 기준에 따라 주로 하나의 대리운전업자로부터 업무를 의뢰받아 대리운전업무를 하는 사람

해설 개정 전 산업재해보상보험법의 '특수형태근로종사자'는 법 개정으로 산업안전보건법 시행령 제67조에서 정하고 있으며, 산업재해보상보험법에서는 '노무제공자'를 정하고 있다. 이와 관련하여 산업재해보상보험법 시행령 제83조의5에서는 '노무제공자의 범위'를 정하고 있다.

노무제공자의 범위(산업재해보상보험법 시행령 제83조의5)

법 제91조의15 제1호 각 목 외의 부분에서 "대통령령으로 정하는 직종에 종사하는 사람"이란 다음 각 호의 사람을 말한다.

1. 보험을 모집하는 사람으로서 다음 각 목의 어느 하나에 해당하는 사람
    가. 「보험업법」 제83조 제1항 제1호에 따른 보험설계사
    나. 「새마을금고법」 및 「신용협동조합법」에 따른 공제의 모집을 전업으로 하는 사람
    다. 「우체국예금·보험에 관한 법률」에 따른 우체국보험의 모집을 전업으로 하는 사람
2. 「건설기계관리법」 제3조 제1항에 따라 등록된 건설기계를 직접 운전하는 사람
3. 「통계법」 제22조에 따라 통계청장이 고시하는 직업에 관한 표준분류(이하 "한국표준직업분류표"라 한다)의 세분류에 따른 학습·교구 관련 방문강사 등 회원의 가정 등을 직접 방문하여 아동이나 학생 등을 가르치는 사람
4. 「체육시설의 설치·이용에 관한 법률」 제7조에 따라 직장체육시설로 설치된 골프장 또는 같은 법 제19조에 따라 체육시설업의 등록을 한 골프장에서 골프경기를 보조하는 골프장 캐디
5. 한국표준직업분류표의 세분류에 따른 택배원 또는 세세분류에 따른 그 외 배달원으로서 다음 각 목의 어느 하나에 해당하는 사람
    가. 「생활물류서비스산업발전법」 제2조 제6호 가목에 따른 택배서비스종사자로서 집화 또는 배송(설치를 수반하는 배송을 포함한다) 업무를 하는 사람
    나. 가목 외의 택배사업(소화물을 집화·수송 과정을 거쳐 배송하는 사업을 말한다)에서 집화 또는 배송 업무를 하는 사람
6. 한국표준직업분류표의 세분류에 따른 늘찬배달원으로서 퀵서비스업의 사업주로부터 업무를 의뢰받아 배송 업무를 하는 사람. 다만, 제5호 또는 제14호에 해당하는 사람은 제외한다.
7. 「대부업 등의 등록 및 금융이용자 보호에 관한 법률」 제3조 제1항 단서에 따른 대출모집인
8. 「여신전문금융업법」 제14조의2 제1항 제2호에 따른 신용카드회원 모집인

9. 다음 각 목의 어느 하나에 해당하는 사업자로부터 업무를 의뢰받아 자동차를 운전하는 사람
   가. 대리운전업자(자동차 이용자의 요청에 따라 그 이용자와 동승하여 해당 자동차를 목적지까지 운전하는 사업의 사업주를 말한다)
   나. 탁송업자(자동차 이용자의 요청에 따라 그 이용자와 동승하지 않고 해당 자동차를 목적지까지 운전하는 사업의 사업주를 말한다)
   다. 대리주차업자(자동차 이용자의 요청에 따라 그 이용자를 대신하여 해당 자동차를 주차하는 사업의 사업주를 말한다)

10. 「방문판매 등에 관한 법률」 제2조 제2호에 따른 방문판매원 또는 같은 조 제8호에 따른 후원방문판매원으로서 방문판매업무를 하는 사람. 다만, 다음 각 목의 어느 하나에 해당하는 경우는 제외한다.
   가. 방문판매는 하지 않고 자가 소비만 하는 경우
   나. 제3호 또는 제11호에 해당하는 경우

11. 한국표준직업분류표의 세분류에 따른 대여 제품 방문 점검원

12. 한국표준직업분류표의 세분류에 따른 가전제품 설치 및 수리원으로서 가전제품의 판매를 위한 배송 업무를 주로 수행하고 가전제품의 설치·시운전 등을 통해 작동상태를 확인하는 사람

13. 「화물자동차 운수사업법」 제2조 제1호에 따른 화물자동차 중 고용노동부령으로 정하는 자동차를 운전하는 사람

14. 「화물자동차 운수사업법」 제2조 제11호에 따른 화물차주로서 다음 각 목의 어느 하나에 해당하는 자동차를 운전하는 사람 및 그 밖에 화물을 운송하기 위하여 다음 각 목의 어느 하나에 해당하는 자동차를 운전하는 사람. 다만, 제5호, 제12호 또는 제13호에 해당하는 사람은 제외한다.
   가. 「자동차관리법」 제3조 제1항 제3호에 따른 화물자동차
   나. 「자동차관리법」 제3조 제1항 제4호에 따른 특수자동차 중 견인형 자동차 또는 특수작업형 사다리차(이사 등을 위하여 높은 건물에 필요한 물건을 올리기 위한 자동차를 말한다)

15. 「소프트웨어 진흥법」 제2조 제3호에 따른 소프트웨어사업에서 노무를 제공하는 같은 조 제10호에 따른 소프트웨어기술자

16. 다음 각 목의 어느 하나에 해당하는 강사
   가. 「초·중등교육법」 제2조에 따른 학교에서 운영하는 방과후학교의 과정을 담당하는 강사
   나. 「유아교육법」 제2조 제2호에 따른 유치원에서 운영하는 같은 조 제6호에 따른 방과후 과정을 담당하는 강사
   다. 「영유아보육법」 제2조 제3호에 따른 어린이집에서 운영하는 같은 법 제29조 제4항에 따른 특별활동프로그램을 담당하는 강사

17. 「관광진흥법」 제38조 제1항 단서에 따른 관광통역안내의 자격을 가진 사람으로서 외국인 관광객을 대상으로 관광안내를 하는 사람

18. 「도로교통법」 제2조 제23호에 따른 어린이통학버스를 운전하는 사람

14 산업재해보상보험법상 다음 내용으로 옳은 것은?

① 보험급여는 지급 결정일부터 30일 이내에 지급하여야 한다.
② 수급권자 및 보험가입자는 제3자의 행위로 재해가 발생하면 30일 이내에 근로복지공단에 신고하여야 한다.
③ 진폐의 진단결과에 대하여 진폐병형 및 합병증 등을 심사하기 위하여 안전보건공단에 관계 전문가 등으로 구성된 진폐심사회의를 둔다.
④ 근로복지공단은 산재보험 의료기관이 요양급여의 산정기준을 위반하여 부당하게 진료비를 지급받은 경우에는 그 진료비의 2배에 해당하는 금액을 징수하여야 한다.
⑤ 근로복지공단은 보험급여를 받은 사람이 거짓이나 그 밖의 부정한 방법으로 보험급여를 받은 경우에는 그 급여액의 2배에 해당하는 금액을 징수하여야 한다.

> **해설**
> ① 보험급여는 지급 결정일부터 14일 이내에 지급하여야 한다(산재보험법 제82조 제1항).
> ② 수급권자 및 보험가입자는 제3자의 행위로 재해가 발생하면 지체 없이 근로복지공단에 신고하여야 한다(동법 제87조 제3항).
> ③ 진폐의 진단결과에 대하여 진폐병형 및 합병증 등을 심사하기 위하여 근로복지공단에 관계 전문가 등으로 구성된 진폐심사회의(이하 "진폐심사회의"라 한다)를 둔다(동법 제91조의7 제1항).
> ④ 근로복지공단은 산재보험 의료기관이 요양급여의 산정 기준을 위반하여 부당하게 진료비를 지급받은 경우에는 그 진료비에 해당하는 금액을 징수하여야 한다(동법 제84조 제3항).

15 산업재해보상보험법령상 산업재해보상보험 및 예방심의위원회의 위원의 임기 등과 관련한 내용으로 옳지 않은 것은?

① 위원의 임기는 3년으로 하며, 연임할 수 없다.
② 보궐위원의 임기는 전임자의 남은 임기로 한다.
③ 고용노동부장관은 심신장애로 인하여 직무를 수행할 수 없게 된 경우 해당 위원을 해촉(解囑)할 수 있다.
④ 고용노동부장관은 직무와 관련된 비위사실이 있는 경우 해당 위원을 해촉(解囑)할 수 있다.
⑤ 고용노동부장관은 위원 스스로 직무를 수행하는 것이 곤란하다고 의사를 밝히는 경우 해당 위원을 해촉(解囑)할 수 있다.

> **해설**
> ① 위원의 임기는 3년으로 하되, 연임할 수 있다(산업재해보상보험법 시행령 제5조 제1항).

정답 　14 ⑤　15 ①

16 산업재해보상보험법에 관한 설명으로 옳은 것은?

① "장해"란 부상 또는 질병이 완치되거나 치료의 효과를 더 이상 기대할 수 없고 그 증상이 고정된 상태에 이르게 된 것을 말한다.

② 근로복지공단의 이사장은 산업재해 예방사업에 필요한 재원을 확보하고, 보험급여에 충당하기 위하여 산업재해보상보험 및 예방기금을 설치·운용한다.

③ 산업재해보상보험심사위원회는 근로복지공단에 두며, 산업재해보상보험재심사위원회는 고용노동부에 둔다.

④ "업무상의 사고"란 업무상의 사유에 따른 근로자의 부상, 질병, 장해 또는 사망을 말한다.

⑤ 근로복지공단은 심사청구서를 받은 날부터 90일 이내에 산업재해보상보험심사위원회의 심의를 거쳐 심사청구에 대한 결정을 하여야 한다.

해설 ① "장해"란 부상 또는 질병이 치유되었으나 정신적 또는 육체적 훼손으로 인하여 노동능력이 상실되거나 감소된 상태를 말한다(산업재해보상보험법 제5조 제5호).

② 고용노동부장관은 보험사업, 산업재해 예방 사업에 필요한 재원을 확보하고, 보험급여에 충당하기 위하여 산업재해보상보험 및 예방기금을 설치한다(동법 제95조 제1항).

④ "업무상의 재해"란 업무상의 사유에 따른 근로자의 부상·질병·장해 또는 사망을 말한다(동법 제5조 제1호).

⑤ 공단은 제103조 제4항에 따라 심사청구서를 받은 날부터 60일 이내에 심사위원회의 심의를 거쳐 심사청구에 대한 결정을 하여야 한다(동법 제105조 제1항).

17 국민연금법상 노령연금 수급권자에 관한 내용이다. (   ) 안에 들어갈 내용을 순서대로 옳게 나열한 것은?

> 가입기간이 (   )년 이상인 가입자 또는 가입자였던 자에 대하여는 (   )세 [특수직종 근로자는 (   )세]가 된 때부터 그가 생존하는 동안 노령연금을 지급한다.

① 10, 60, 55　　　　　　　　② 10, 60, 60
③ 10, 65, 60　　　　　　　　④ 20, 60, 55
⑤ 20, 65, 60

해설 ① 가입기간이 (10)년 이상인 가입자 또는 가입자였던 자에 대하여는 (60)세(특수직종근로자는 (55)세)가 된 때부터 그가 생존하는 동안 노령연금을 지급한다(국민연금법 제61조 제1항).

18 **국민연금법상 시효에 관한 설명으로 옳지 않은 것은?**

① 연금보험료를 징수할 권리는 3년간 행사하지 아니하면 소멸시효가 완성된다.

② 환수금을 환수할 권리는 3년간 행사하지 아니하면 소멸시효가 완성된다.

③ 급여를 받거나 과오납금을 반환받을 수급권자 또는 가입자 등의 권리는 3년간 행사하지 아니하면 소멸시효가 완성된다.

④ 급여를 지급받을 권리는 그 급여 전액에 대하여 지급이 정지되어 있는 동안은 시효가 진행되지 아니한다.

⑤ 급여의 지급이나 과오납금 등의 반환청구에 관한 기간을 계산할 때 그 서류의 송달에 들어간 일수는 그 기간에 산입하지 아니한다.

> **해설** ③ 급여(제77조 제1항 제1호에 따른 반환일시금은 제외한다)를 받거나 과오납금을 반환받을 수급권자 또는 가입자 등의 권리는 5년간 행사하지 아니하면 소멸시효가 완성된다(국민연금법 제115조 제1항).

19 **국민건강보험법상 가입자의 자격변동 시기에 해당하지 않는 것은?**

① 지역가입자가 적용대상사업장의 사용자로 된 날

② 직장가입자가 다른 적용대상사업장의 근로자로 사용된 날

③ 직장가입자인 근로자 등이 그 사용관계가 끝난 날

④ 지역가입자가 적용대상사업장의 근로자로 사용된 날

⑤ 지역가입자가 다른 세대로 전입한 날

> **해설** ③ 직장가입자인 근로자 등이 그 사용관계가 끝난 날의 다음 날이다(국민건강보험법 제9조 제1항 제3호).

정답   16 ③   17 ①   18 ③   19 ③

20 국민건강보험법상 다음 설명으로 옳지 않은 것은?

① 직장가입자의 보수월액보험료는 사용자가 납부한다.

② 직장가입자의 보수월액보험료는 보수월액에 보험료율을 곱하여 얻은 금액으로 한다.

③ 직장가입자의 보수월액은 직장가입자가 지급받는 보수를 기준으로 하여 산정하되, 상한과 하한을 정할 수 있다.

④ 국민건강보험공단 또는 건강보험심사평가원의 이의신청에 대한 결정에 불복하는 자는 보건복지부에 둔 건강보험분쟁조정위원회에 심판청구를 할 수 있다.

⑤ 이의신청은 처분이 있음을 안 날부터 60일 이내, 처분이 있은 날부터 180일 이내에 하여야 한다.

> **해설** ⑤ 이의신청은 처분이 있음을 안 날부터 90일 이내에 문서(전자문서를 포함한다)로 하여야 하며 처분이 있은 날부터 180일을 지나면 제기하지 못한다. 다만, 정당한 사유로 그 기간에 이의신청을 할 수 없었음을 소명한 경우에는 그러하지 아니하다(국민건강보험법 제87조 제3항).

21 고용보험 및 산업재해보상보험의 보험료 징수 등에 관한 법률상 소멸시효 등 보칙에 관한 설명으로 옳은 것은?

① 보험료를 반환받을 수 있는 권리는 1년간 행사하지 아니하면 시효로 인하여 소멸한다.

② 월별보험료 납입을 전자문서로 고지한 경우에는 소멸시효가 중단되지 않는다.

③ 사업종류의 변경으로 보험료 납부방법이 변경되는 경우에는 사업종류의 변경일을 변경 전 사업 폐지일로, 사업종류의 변경일 다음 날을 새로운 사업성립일로 본다.

④ 보험료 과납액의 반환을 청구하는 경우에는 소멸시효가 중단되지 않는다.

⑤ 이 법에 따른 체납처분 절차에 따라 하는 교부청구로 중단된 소멸시효는 교부청구 중의 기간이 지난 때부터 새로 진행한다.

> **해설** ① 보험료를 반환받을 수 있는 권리는 3년간 행사하지 아니하면 시효로 인하여 소멸한다(고용산재 보험료징수법 제41조 제1항).
> ② 월별보험료 납입의 고지는 전자문서로 할 수 있으며, 전자문서로 고지한 경우 고용노동부령으로 정하는 정보통신망에 저장하거나 납부의무자가 지정한 전자우편주소에 입력된 때에 그 사업주에게 도달된 것으로 본다(동법 제16조의8 제2항, 제3항). 월별보험료 고지로 소멸시효는 중단된다(동법 제42조 제1호).
> ③ 사업종류의 변경으로 보험료 납부방법이 변경되는 경우에는 사업종류의 변경일 전일을 변경 전 사업 폐지일로, 사업종류의 변경일을 새로운 사업성립일로 본다(동법 제19조의2).
> ④ 보험료 과납액의 반환을 청구하는 경우에도 소멸시효가 중단된다(동법 제42조 제1항 제2호).

22 고용보험 및 산업재해보상보험의 보험료 징수 등에 관한 법령상 고용노동부장관이 정하여 고시하는 금액(기준보수)에 관한 설명으로 옳지 않은 것은?

① 사업의 도산으로 보수를 확인하기 곤란한 경우 기준보수를 보수로 할 수 있다.

② 사업장의 이전으로 사업의 소재지를 파악하기 곤란한 경우 기준보수를 보수로 할 수 있다.

③ 근로일에 따라 일당 형식의 보수를 지급받는 근로자에게는 주당 소정근로시간을 실제 근로한 시간으로 보아 일단위 기준보수를 적용한다.

④ 통상근로자로서 월정액으로 보수를 지급받는 근로자에게는 월단위 기준보수를 적용한다.

⑤ 시간급근로자 또는 일급근로자임이 명확하지 아니한 경우에는 월단위 기준보수를 적용한다.

해설 ③ 근로일에 따라 일당 형식의 보수를 지급받는 근로자에게는 주당 소정근로시간을 실제 근로한 시간으로 보아 시간단위 기준보수를 적용한다(고용산재보험료징수법 시행령 제3조 제4항 제2호).

23 고용보험 및 산업재해보상보험의 보험료 징수 등에 관한 법률상 보험료에 관한 내용이다. ( ) 안의 내용으로 옳은 것은?

> • 사업주는 그 달의 월별보험료를 다음 달 (　　)일까지 납부하여야 한다.
> • 사업주는 전년도에 근로자에게 지급한 보수총액 등을 매년 (　　)월 (　　)일까지 근로복지공단에 신고하여야 한다.

① 10, 2, 15　　　　　　② 10, 3, 15

③ 15, 2, 15　　　　　　④ 15, 3, 15

⑤ 20, 2, 15

해설 ② • 사업주는 그 달의 월별보험료를 다음 달 (10)일까지 납부하여야 한다(고용산재보험료징수법 제16조의7 제1항).
　　　　• 사업주는 전년도에 근로자, 예술인 또는 노무제공자에게 지급한 보수총액 등을 매년 (3)월 (15)일까지 공단에 신고하여야 한다(동법 제16조의10 제1항 전단).

24 고용보험 및 산업재해보상보험의 보험료 징수등에 관한 법령의 내용으로 옳은 것은?

① 고용보험료를 징수하는 경우, 근로자가 휴직기간 중에 사업주 외의 자로부터 지급받는 금품 일체는 보수에서 제외된다.

② "하수급인"이란 원수급인으로부터 그 사업의 전부 또는 일부를 도급받아 하는 자를 말하고, 그 자로부터 그 사업의 전부 또는 일부를 도급받아 하는 자는 제외한다.

③ 보험에 가입한 사업주는 그 이름, 사업의 소재지 등 대통령령으로 정하는 사항이 변경된 경우에는 그 날부터 7일 이내에 그 변경사항을 근로복지공단에 신고하여야 한다.

④ 근로기준법에 따른 출산전후휴가의 기간이 월의 중간에 걸쳐있는 경우에는 그 근로자에 대한 그 월별보험료를 일할계산(日割計算)한다.

⑤ 보험사업에 드는 비용에 충당하기 위하여 보험가입자로부터 고용안정·직업능력개발사업 및 실업급여의 보험료, 육아휴직 급여 및 출산전후휴가 급여의 보험료, 산재보험의 보험료를 징수한다.

> **해설** ① 고용보험료를 징수하는 경우, 근로자가 휴직기간 중에 사업주 외의 자로부터 지급받는 금품 중 고용노동부장관이 정하여 고시하는 금품은 보수로 본다(고용산재보험료징수법 제2조 제3호 단서).
> ② "하수급인"이란 원수급인으로부터 그 사업의 전부 또는 일부를 도급받아 하는 자와 그 자로부터 그 사업의 전부 또는 일부를 도급받아 하는 자를 말한다(동법 제2조 제5호).
> ③ 보험에 가입한 사업주는 그 이름, 사업의 소재지 등 대통령령으로 정하는 사항이 변경된 경우에는 그 날부터 14일 이내에 그 변경사항을 공단에 신고하여야 한다(동법 제12조).
> ⑤ 보험사업에 드는 비용에 충당하기 위하여 보험가입자로부터 고용안정·직업능력개발사업 및 실업급여의 보험료, 산재보험의 보험료를 징수한다(동법 제13조 제1항).

25 고용보험 및 산업재해보상보험의 보험료 징수 등에 관한 법률상 보험관계의 성립일 또는 소멸일에 관한 설명으로 옳은 것은?

① 보험에 가입한 하수급인의 경우에는 그 하도급공사의 착공일의 다음 날이 성립일이다.

② 가입사업주가 그 사업의 운영 중에 근로자를 고용하지 아니하게 된 때에 근로자를 사용하지 아니한 첫 날부터 1년이 되는 날이 소멸일이다.

③ 근로복지공단이 계속하여 보험관계를 유지할 수 없다고 인정하여 그 보험관계를 소멸시키는 경우에는 그 소멸을 결정·통지한 날의 다음 날이 소멸일이다.

④ 근로복지공단의 승인을 얻어 가입한 보험계약을 해지하는 경우에는 그 해지에 관하여 근로복지공단의 승인을 받은 날이 소멸일이다.

⑤ 일괄적용을 받는 사업의 경우에는 처음하는 사업이 시작된 날의 다음 날이 성립일이다.

해설 ① 보험에 가입한 하수급인의 경우에는 그 하도급공사의 착공일이 성립일이다(고용산재보험료징수법 제7조 제5호).

② 가입사업주가 그 사업의 운영 중에 근로자를 고용하지 아니하게 된 때에 근로자를 사용하지 아니한 첫 날부터 1년이 되는 날의 다음 날이 소멸일이다(동법 제10조 제4호).

④ 근로복지공단의 승인을 얻어 가입한 보험계약을 해지하는 경우에는 그 해지에 관하여 근로복지공단의 승인을 받은 날의 다음 날이 소멸일이다(동법 제10조 제2호).

⑤ 일괄적용을 받는 사업의 경우에는 처음하는 사업이 시작된 날이 성립일이다(동법 제7조 제4호).

01 사회보장기본법상 사회보장에 관한 정의이다. ( ) 안에 들어갈 내용으로 옳은 것은?

> "사회보장"이란 출산, 양육, 실업, 노령, 장애, 질병, 빈곤 및 사망 등의 사회적 위험으로부터 모든 국민을 보호하고 국민 삶의 질을 향상시키는 데 필요한 소득·서비스를 보장하는 ( ), ( ), ( )(을)를 말한다.

① 사회보험, 공공부조, 사회안전망
② 공공부조, 사회서비스, 사회안전망
③ 사회보험, 공공부조, 사회서비스
④ 사회서비스, 사회안전망, 사회보험
⑤ 보편적 복지, 공공부조, 사회서비스

해설 ③ "사회보장"이란 출산, 양육, 실업, 노령, 장애, 질병, 빈곤 및 사망 등의 사회적 위험으로부터 모든 국민을 보호하고 국민 삶의 질을 향상시키는 데 필요한 소득·서비스를 보장하는 (**사회보험**), (**공공부조**), (**사회서비스**)를 말한다(사회보장기본법 제3조 제1호).

02 사회보장기본법령상 사회보장위원회의 구성에 관한 설명으로 옳은 것은?

① 농림축산식품부장관, 환경부장관은 위원회의 위원이다.
② 대통령이 위촉한 근로자를 대표하는 위원은 어떤 경우에도 해촉될 수 없다.
③ 보궐위원의 임기는 2년으로 한다.
④ 위원회의 위원장은 행정안전부장관이 된다.
⑤ 위원회의 사무를 효율적으로 처리하기 위하여 행정안전부에 사무국을 둔다.

해설 ① 사회보장위원회의 위원이 될 수 있는 "대통령령으로 정하는 관계 중앙행정기관의 장"이란 법무부장관, 국가보훈부장관, 문화체육관광부장관, 농림축산식품부장관, 산업통상자원부장관, 환경부장관 및 국무조정실장을 말한다(사회보장기본법 시행령 제9조 제1항).
② 대통령이 위촉한 근로자를 대표하는 위원은 어떤 경우에도 해촉될 수 없다는 내용은 법령에 존재하지 않는다.
③ 보궐위원의 임기는 전임자 임기의 남은 기간으로 한다(동법 제21조 제5항).
④ 위원장은 국무총리가 되고 부위원장은 기획재정부장관, 교육부장관 및 보건복지부장관이 된다(동법 제21조 제2항).
⑤ 위원회의 사무를 효율적으로 처리하기 위하여 보건복지부에 사무국을 둔다(동법 제21조 제8항).

03 사회보장기본법상 내용으로 옳지 않은 것은?

① 국가와 지방자치단체는 모든 국민의 인간다운 생활을 유지·증진하는 책임을 진다.

② 국가와 지방자치단체는 사회보장에 관한 책임과 역할을 합리적으로 분담하여야 한다.

③ 국가와 지방자치단체는 국가 발전수준에 부응하고 사회환경의 변화에 선제적으로 대응하며 지속가능한 사회보장제도를 확립하고 매년 이에 필요한 재원을 조달하여야 한다.

④ 국가와 지방자치단체는 가정이 건전하게 유지되고 그 기능이 향상되도록 노력하여야 한다.

⑤ 국가와 지방자치단체는 중장기 사회보장 재정추계를 격년으로 실시하고 이를 공표하여야 한다.

> **해설** ⑤ 국가는 중장기 사회보장 재정추계를 격년으로 실시하고 이를 공표하여야 한다는 내용의 사회보장기본법 제5조 제4항은 삭제되었고, 신설된 사회보장기본법 제30조의3에 따르면, 보건복지부장관은 사회보장제도의 안정적인 운영을 위하여 중장기 사회보장 재정추계를 적어도 3년마다 실시하고 이를 공표하여야 한다.

04 고용보험법령에 관한 내용이다. (   ) 안에 들어갈 내용으로 옳은 것은?

> 육아기 근로시간 단축 급여를 지급받으려는 사람은 육아기 근로시간 단축을 시작한 날 이후 1개월부터 끝난 날 이후 12개월 이내에 신청하여야 한다. 다만, 해당 기간에 배우자의 질병·부상 등으로 육아기 근로시간 단축 급여를 신청할 수 없었던 사람은 그 사유가 끝난 후 (   ) 이내에 신청하여야 한다.

① 10일   ② 15일
③ 30일   ④ 2개월
⑤ 3개월

> **해설** ③ 육아기 근로시간 단축 급여를 신청할 수 없었던 사람은 그 사유가 끝난 후 (**30일**) 이내에 신청하여야 한다(고용보험법 제73조의2 제2항).

05 **고용보험법령상 구직급여에 관한 설명으로 옳지 않은 것은?**

① 구직급여를 받으려는 자는 이직 후 지체 없이 직업안정기관에 출석하여 실업을 신고하여 야 한다.

② 구직급여를 지급받기 위해 실업을 신고하려는 자가 사업주로부터 이직확인서를 발급받 은 경우에는 이를 소재지 관할 직업안정기관의 장에게 제출하여야 한다.

③ 직업안정기관의 장은 수급자격 인정신청서를 제출한 자가 구직급여의 수급자격이 인정 되지 아니하는 경우에는 그 신청인과 사업주에게 해당 사실을 알려야 한다.

④ 수급자격자가 주민등록번호를 변경하거나 정정한 경우에는 신청지 관할 직업안정기관의 장에게 신고하여야 한다.

⑤ 구직급여는 수급자격자가 실업한 상태에 있는 날 중에서 직업안정기관의 장으로부터 실 업의 인정을 받은 날에 대하여 지급한다.

해설 ③ 직업안정기관의 장은 수급자격 인정신청서를 제출한 사람이 구직급여의 수급자격이 인정되지 않 는 경우에는 그 신청인에게 해당 사실을 알려야 한다(고용보험법 시행령 제62조 제2항).

06 **고용보험법령상 실업급여에 관한 내용이다. (   ) 안에 들어갈 내용으로 옳은 것은?**

> 직업안정기관의 장은 수급자격자의 신청이 있는 경우에는 실업급여를 수급자격자 명의의 지정된 계좌로 입금하여야 한다. 지정된 실업급여수급계좌의 예금 중 (   ) 이하의 금액 에 관한 채권은 압류할 수 없다.

① 50만원   ② 100만원

③ 150만원   ④ 200만원

⑤ 정답 없음

해설 • 지정된 실업급여수급계좌의 예금 중 대통령령으로 정하는 액수 이하의 금액에 관한 채권은 압류할 수 없다(고용보험법 제38조 제2항).
• 법 제38조 제2항에서 "대통령령으로 정하는 액수"란 법 제37조의2 제1항에 따라 실업급여수급계 좌에 (**입금된 금액 전액**)을 말한다(고용보험법 시행령 제58조의3).

07 고용보험법상 연장급여의 상호 조정에 관한 내용이다. 옳은 것을 모두 고른 것은?

> ㄱ. 훈련연장급여를 지급받고 있는 수급자격자에게는 그 훈련연장급여의 지급이 끝난 후가 아니면 개별연장급여 및 특별연장급여를 지급하지 아니한다.
> ㄴ. 개별연장급여를 지급받고 있는 수급자격자가 훈련연장급여를 지급받게 되면 개별연장급여를 지급하지 아니한다.
> ㄷ. 특별연장급여를 지급받고 있는 수급자격자에게는 특별연장급여의 지급이 끝난 후가 아니면 개별연장급여를 지급하지 아니한다.

① ㄱ
② ㄱ, ㄴ
③ ㄱ, ㄷ
④ ㄴ, ㄷ
⑤ ㄱ, ㄴ, ㄷ

해설 ㄱ. 훈련연장급여를 지급받고 있는 수급자격자에게는 그 훈련연장급여의 지급이 끝난 후가 아니면 개별연장급여 및 특별연장급여를 지급하지 아니한다(고용보험법 제55조 제2항).
ㄴ. 개별연장급여 또는 특별연장급여를 지급받고 있는 수급자격자가 훈련연장급여를 지급받게 되면 개별연장급여나 특별연장급여를 지급하지 아니한다(동법 제55조 제3항).
ㄷ. 특별연장급여를 지급받고 있는 수급자격자에게는 특별연장급여의 지급이 끝난 후가 아니면 개별연장급여를 지급하지 아니한다(동법 제55조 제4항).

08 고용보험법령상 과태료 부과 대상이 아닌 것은?

① 사업주가 이직확인서를 거짓으로 작성하여 제출하는 경우
② 고용노동부장관이 부정수급 조사를 위하여 관계인의 출석을 요구함에도 출석을 거부하는 경우
③ 심사의 청구를 받아 하는 고용보험심사관의 질문에 거짓으로 진술한 경우
④ 사업주가 피보험자격 취득에 관한 확인청구를 한 것을 이유로 그 근로자에게 불이익한 처우를 한 경우
⑤ 사업주가 그 사업에 고용된 근로자의 피보험자격 취득에 관한 사항을 고용노동부장관에게 신고하지 아니한 경우

해설 과태료(고용보험법 제118조)

① 다음 각 호의 어느 하나에 해당하는 사업주, 보험사무대행기관, 노무제공플랫폼사업자의 대표자 또는 대리인·사용인, 그 밖의 종업원에게는 300만원 이하의 과태료를 부과한다.

  1. 제15조(제77조의5 제1항 및 제77조의10 제1항에서 준용하는 경우를 포함한다), 제77조의2 제3항 및 제77조의7 제1항을 위반하여 신고를 하지 아니하거나 거짓으로 신고한 자

  2. 제42조 제3항 후단(제77조의5 제2항 및 제77조의10 제2항에서 준용하는 경우를 포함한다)을 위반하여 이직확인서를 발급하여 주지 아니하거나 거짓으로 작성하여 발급하여 준 자

  3. 제43조 제4항 후단(제77조의5 제2항 및 제77조의10 제2항에서 준용하는 경우를 포함한다)을 위반하여 이직확인서를 제출하지 아니하거나 거짓으로 작성하여 제출한 자

  4. 제108조 제1항(제77조의5 제3항·제4항 및 제77조의10 제3항·제4항에서 준용하는 경우를 포함한다)에 따른 요구에 따르지 아니하여 보고를 하지 아니하거나 거짓으로 보고한 자, 같은 요구에 따르지 아니하여 문서를 제출하지 아니하거나 거짓으로 적은 문서를 제출한 자 또는 출석하지 아니한 자

  5. 제108조 제2항(제77조의5 제3항·제4항 및 제77조의10 제3항·제4항에서 준용하는 경우를 포함한다)에 따른 요구에 따르지 아니하여 증명서를 내주지 아니한 자

  6. 제109조 제1항(제77조의5 제3항·제4항 및 제77조의10 제3항·제4항에서 준용하는 경우를 포함한다)에 따른 질문에 답변하지 아니하거나 거짓으로 진술한 자 또는 조사를 거부·방해하거나 기피한 자

  7. 제77조의7 제2항을 위반하여 자료 또는 정보의 제공 요청에 따르지 아니한 자

  8. 제77조의7 제5항을 위반하여 노무제공자의 피보험자격의 신고와 관련된 자료 또는 정보를 보관하지 아니한 자

② 다음 각 호의 어느 하나에 해당하는 피보험자, 수급자격자 또는 지급되지 아니한 실업급여의 지급을 청구하는 자에게는 100만원 이하의 과태료를 부과한다.

  1. 제108조 제3항(제77조의5 제3항·제4항 및 제77조의10 제3항·제4항에서 준용하는 경우를 포함한다)에 따라 요구된 보고를 하지 아니하거나 거짓으로 보고한 자, 문서를 제출하지 아니하거나 거짓으로 적은 문서를 제출한 자 또는 출석하지 아니한 자

  2. 제109조 제1항(제77조의5 제3항·제4항 및 제77조의10 제3항·제4항에서 준용하는 경우를 포함한다)에 따른 질문에 답변하지 아니하거나 거짓으로 진술한 자 또는 검사를 거부·방해하거나 기피한 자

③ 제87조(제77조의5 제3항·제4항 및 제77조의10 제3항·제4항에서 준용하는 경우를 포함한다)에 따른 심사 또는 재심사의 청구를 받아 하는 심사관 및 심사위원회의 질문에 답변하지 아니하거나 거짓으로 진술한 자 또는 검사를 거부·방해하거나 기피한 자에게는 100만원 이하의 과태료를 부과한다.

09 고용보험법상 피보험기간이 2년일 경우 이직일 현재 연령에 따른 구직급여의 소정급여일수가 옳은 것은?

① 25세 장애인 : 150일
② 28세 비장애인 : 120일
③ 35세 비장애인 : 180일
④ 40세 비장애인 : 150일
⑤ 55세 장애인 : 210일

해설 구직급여의 소정급여일수(고용보험법 제50조 제1항 관련 [별표 1])

구분		피보험기간				
		1년 미만	1년 이상 3년 미만	3년 이상 5년 미만	5년 이상 10년 미만	10년 이상
이직일 현재 연령	50세 미만	120일	150일	180일	210일	240일
	50세 이상	120일	180일	210일	240일	270일

※ 장애인고용촉진 및 직업재활법 제2조 제1호에 따른 장애인은 50세 이상인 것으로 보아 위 표를 적용한다.

10 산업재해보상보험법상 재요양을 받는 자에 대한 1일당 휴업급여 지급액을 산정한 결과가 최저임금액보다 적은 경우, 1일당 휴업급여 지급액은 얼마인가?

① 최저임금액의 100분의 70에 상당하는 금액
② 최저임금액
③ 최저임금액의 100분의 120에 상당하는 금액
④ 통상임금액의 100분의 60에 상당하는 금액
⑤ 통상임금액의 100분의 70에 상당하는 금액

해설 ② 제1항에 따라 산정한 1일당 휴업급여 지급액이 최저임금액보다 적거나 재요양 당시 평균임금 산정의 대상이 되는 임금이 없으면 최저임금액을 1일당 휴업급여 지급액으로 한다(산업재해보상보험법 제56조 제2항).

11 산업재해보상보험법상 직업재활급여에 관한 설명으로 옳지 않은 것은?

① 훈련대상자에 대한 직업훈련은 근로복지공단과 계약을 체결한 직업훈련기관에서 실시하게 한다.

② 상병보상연금을 받는 훈련대상자에게는 직업훈련수당을 지급하지 아니한다.

③ 직장적응훈련비의 지급기간은 3개월 이내로 한다.

④ 재활운동비는 장해급여자에게 직접 지급한다.

⑤ 직장복귀지원금의 지급기간은 12개월 이내로 한다.

> **해설** ④ 직장복귀지원금, 직장적응훈련비 및 재활운동비는 장해급여자에 대하여 고용을 유지하거나 직장적응훈련 또는 재활운동을 실시하는 사업주에게 각각 지급한다(산업재해보상보험법 제75조 제1항 전단).

12 산업재해보상보험법령상 업무상 질병에 관한 설명으로 옳지 않은 것은?

① 신체부담업무의 수행 과정에서 발생한 일시적인 급격한 힘의 작용으로 근골격계 질병이 발병하면 업무상 질병으로 본다.

② 업무수행 과정에서 석면에 노출되어 발생한 석면폐증은 업무상 질병으로 본다.

③ 업무수행 과정에서 카드뮴 또는 그 화합물에 2년 이상 노출되어 발생한 후각신경마비는 업무상 질병으로 본다.

④ 업무수행 과정에서 고객의 폭언 등과 직접 관련된 스트레스로 생긴 우울병 에피소드는 업무상 질병으로 보지 않는다.

⑤ 업무와 관련하여 정신적 충격을 유발할 수 있는 사건에 의해 발생한 외상후스트레스장애는 업무상 질병으로 본다.

> **해설** ④ 근로기준법 제76조의2에 따른 직장 내 괴롭힘, 고객의 폭언 등으로 인한 업무상 정신적 스트레스가 원인이 되어 발생한 질병은 업무상 질병으로 본다(산업재해보상보험법 제37조 제1항 제2호 다목, 동법 시행령 제34조 제3항 관련 [별표 3] 제4호 사목).

13 산업재해보상보험법상 근로자가 업무상의 사유로 사망한 경우 그 장례를 지낸 유족에게 장례비를 지급한다. 이때 장례비는 평균임금의 며칠분에 상당하는 금액을 지급하는가?

① 60일
② 90일
③ 120일
④ 150일
⑤ 180일

해설 ③ 장례비는 근로자가 업무상의 사유로 사망한 경우에 지급하되, 평균임금의 120일분에 상당하는 금액을 그 장례를 지낸 유족에게 지급한다. 다만, 장례를 지낼 유족이 없거나 그 밖에 부득이한 사유로 유족이 아닌 사람이 장례를 지낸 경우에는 평균임금의 120일분에 상당하는 금액의 범위에서 실제 드는 비용을 그 장례를 지낸 사람에게 지급한다(산업재해보상보험법 제71조).

14 산업재해보상보험법령상 장해등급의 재판정에 관한 내용이다. (   ) 안에 들어갈 내용으로 옳은 것은?

> 장해등급의 재판정은 장해보상연금의 지급 결정을 한 날을 기준으로 (ㄱ)년이 지난 날부터 (ㄴ)년 이내에 하여야 한다.

① ㄱ : 1, ㄴ : 1
② ㄱ : 1, ㄴ : 2
③ ㄱ : 2, ㄴ : 1
④ ㄱ : 2, ㄴ : 2
⑤ ㄱ : 3, ㄴ : 2

해설 장해등급 등의 재판정은 장해보상연금 또는 진폐보상연금의 지급 결정을 한 날을 기준으로 (2)년이 지난 날부터 (1)년 이내에 하여야 한다(산업재해보상보험법 시행령 제56조 제1항).

15 산업재해보상보험법령상 업무상 사고가 아닌 것은?

① 근로계약에 따른 업무수행 행위를 하던 중 발생한 사고
② 업무수행 과정에서 하는 용변 등 생리적 필요 행위를 하던 중 발생한 사고
③ 업무를 준비하거나 마무리하는 행위를 하던 중 발생한 사고
④ 업무에 따르는 필요적 부수행위를 하던 중 발생한 사고
⑤ 출장 중에 사적 행위 또는 정상적인 출장경로를 벗어났을 때 발생한 사고

해설 ⑤ 출장 중에 사적 행위 또는 정상적인 출장경로를 벗어났을 때 발생한 사고는 업무와 관련하여 발생한 사고가 아니므로 업무상 사고가 아니다(산업재해보상보험법 시행령 제27조 제2항).

정답 11 ④ 12 ④ 13 ③ 14 ③ 15 ⑤

16 국민연금법상 유족연금 수급권자의 유족연금 수급권이 소멸되는 사유를 모두 고른 것은?

> ㄱ. 장애등급 2등급인 자녀가 19세가 된 때
> ㄴ. 손자녀인 수급권자가 파양된 때
> ㄷ. 장애로 수급권을 취득한 자가 장애등급 3급에 해당하게 된 때

① ㄱ 　　　　　　　　② ㄱ, ㄴ
③ ㄱ, ㄷ　　　　　　　④ ㄴ
⑤ ㄱ, ㄴ, ㄷ

해설 유족연금 수급권자가 다음 각 호의 어느 하나에 해당하게 되면 그 수급권은 소멸한다(국민연금법 제75조 제1항).

1. 수급권자가 사망한 때
2. 배우자인 수급권자가 재혼한 때
3. 자녀나 손자녀인 수급권자가 파양된 때
4. 제52조의2에 따른 장애상태(장애등급 1급 또는 2급)에 해당하지 아니한 자녀인 수급권자가 25세가 된 때 또는 제52조의2에 따른 장애상태에 해당하지 아니한 손자녀인 수급권자가 19세가 된 때

17 법 개정으로 해당 문제 삭제

18 국민건강보험법상 보험료 부담 및 납부의무에 관한 설명으로 옳지 않은 것은?

① 직장가입자의 보수월액보험료는 직장가입자가 보험료액의 100분의 50을 부담한다.
② 직장가입자의 소득월액보험료는 직장가입자가 부담한다.
③ 지역가입자의 보험료는 그 가입자가 속한 세대의 지역가입자 전원이 연대하여 부담한다.
④ 직장가입자의 보수월액보험료는 사용자가 납부한다.
⑤ 공무원인 직장가입자의 보수월액보험료는 그 공무원이 소속되어 있는 국가 또는 지방자치단체가 보험료액의 전액을 부담한다.

해설 ⑤ 직장가입자의 보수월액보험료는 직장가입자와 그 공무원이 소속되어 있는 국가 또는 지방자치단체가 각각 보험료액의 100분의 50씩 부담한다(국민건강보험법 제76조 제1항).

19 국민건강보험법상 보험급여의 정지사유에 해당하는 것은?

① 고의로 인한 범죄행위에 그 원인이 있는 경우
② 국외에 체류하는 경우
③ 고의로 국민건강보험공단의 지시를 따르지 않은 경우
④ 중대한 과실로 국민건강보험공단에서 요구하는 문서나 물건을 제출하지 않은 경우
⑤ 업무로 생긴 질병으로 인해 다른 법령에 따라 보상을 받게 된 경우

> **해설** 급여의 정지(국민건강보험법 제54조)
> 보험급여를 받을 수 있는 사람이 다음 각 호의 어느 하나에 해당하면 그 기간에는 보험급여를 하지 아니한다. 다만, 제3호 및 제4호의 경우에는 제60조에 따른 요양급여를 실시한다.
> 1. 삭제
> 2. 국외에 체류하는 경우
> 3. 제6조 제2항 제2호에 해당하게 된 경우
> 4. 교도소, 그 밖에 이에 준하는 시설에 수용되어 있는 경우

20 고용보험 및 산업재해보상보험의 보험료징수 등에 관한 법률상 보수총액 등의 신고에 관한 설명으로 옳은 것은?

① 사업주는 근로자를 새로 고용한 때에는 그 근로자의 성명 등을 그 근로자를 고용한 날이 속하는 달의 말일까지 근로복지공단에 신고하여야 한다.
② 사업주는 사업의 폐지·종료 등으로 보험관계가 소멸한 때에는 그 보험관계가 소멸한 날이 속하는 달의 다음 달 15일까지 근로자에게 지급한 보수총액 등을 근로복지공단에 신고하여야 한다.
③ 사업주는 전년도에 근로자에게 지급한 보수총액 등을 매년 1월 말일까지 근로복지공단에 신고하여야 한다.
④ 사업주는 근로자가 휴직하는 경우에는 그 사유 발생일이 속하는 달의 다음 달 15일까지 그 사실을 근로복지공단에 신고하여야 한다.
⑤ 사업주는 근로자와 고용관계를 종료한 때에는 그 근로자에게 지급한 보수총액, 고용관계 종료일 등을 그 근로자의 고용관계가 종료한 날이 속하는 달의 다음 달 15일까지 근로복지공단에 신고하여야 한다.

정답 16 ④ 17 없음 18 ⑤ 19 ② 20 ⑤

해설 ① 사업주는 근로자를 새로 고용한 때에는 그 근로자의 성명 등을 그 근로자를 고용한 날이 속하는 달의 다음 달 15일까지 공단에 신고하여야 한다(고용산재보험료징수법 제16조의10 제3항).
② 사업주는 사업의 폐지·종료 등으로 보험관계가 소멸한 때에는 그 보험관계가 소멸한 날부터 14일 이내에 근로자에게 지급한 보수총액 등을 근로복지공단에 신고하여야 한다(동법 제16조의10 제2항).
③ 사업주는 전년도에 근로자에게 지급한 보수총액 등을 매년 3월 15일까지 근로복지공단에 신고하여야 한다(동법 제16조의10 제1항).
④ 사업주는 근로자가 휴직하는 경우에는 그 사유 발생일부터 14일 이내에 그 사실을 공단에 신고하여야 한다(동법 제16조의10 제5항).

21 고용보험 및 산업재해보상보험의 보험료징수 등에 관한 법령에 관한 설명으로 옳은 것은?

① 해외파견자에 대한 산재보험의 가입을 승인하려면 직업안정법에 따른 국외근로자 공급 사업이 아니어야 한다.
② 해외파견자에 대한 산재보험 가입의 승인을 받은 경우 파견예정자의 보험관계 성립일은 출국한 날의 다음 날이다.
③ 자영업자에 대한 특례에 따라 고용보험에 가입한 자영업자가 50명 이상의 근로자를 사용하게 된 경우에는 본인은 피보험자격을 유지할 수 없다.
④ 자영업자에게 적용하는 고용보험료율은 보험수지의 동향과 경제상황 등을 고려하여 정하는데, 현재 고용안정·직업능력개발사업의 보험료율은 1천분의 25이다.
⑤ 사업주는 특수형태근로종사자가 부담하는 산재보험료에 해당하는 금액을 그 특수형태근로종사자에게 지급할 금품에서 원천공제할 수 없다.

해설 ② 해외파견자에 대한 산재보험 가입의 승인을 받은 경우 파견예정자의 보험관계 성립일은 출국일이다(고용산재보험료징수법 시행규칙 제42조 제4항 제1호).
③ 자영업자에 대한 특례에 따라 고용보험에 가입한 자영업자가 50명 이상의 근로자를 사용하게 된 경우에는 본인이 피보험자격을 유지하려는 경우에는 계속하여 보험에 가입된 것으로 본다(동법 제49조의2 제2항).
④ 자영업자에게 적용하는 고용보험료율은 보험수지의 동향과 경제상황 등을 고려하여 정하는데, 현재 고용안정·직업능력개발사업의 보험료율은 1만분의 25이다(동법 제49조의2 제7항).
⑤ 사업주는 산재보험 노무제공자가 부담하여야 하는 산재보험료를 대통령령으로 정하는 바에 따라 그 산재보험 노무제공자의 보수에서 원천공제하여 납부할 수 있다(동법 제48조의6 제11항 전단).

22 고용보험 및 산업재해보상보험의 보험료징수 등에 관한 법령상 보험료에 관한 내용이다. ( ) 안에 들어갈 내용으로 옳은 것은?

> 고용보험사업에 드는 비용을 충당하기 위하여 보험가입자로부터 보험료를 징수함에도 불구하고 고용보험법에 따라 (ㄱ)세 이후에 고용된 자에 대하여는 고용보험료 중 실업급여의 보험료를 징수하지 아니한다. 현재 실업급여의 보험료율은 1천분의 (ㄴ)이다.

① ㄱ : 55, ㄴ : 16
② ㄱ : 60, ㄴ : 16
③ ㄱ : 60, ㄴ : 18
④ ㄱ : 65, ㄴ : 16
⑤ ㄱ : 65, ㄴ : 18

해설 ⑤ ㄱ : 65, ㄴ : 18

고용보험법 제10조 제2항에 따라 (65)세 이후에 고용되거나 자영업을 개시한 자에 대하여는 고용보험료 중 실업급여의 보험료를 징수하지 아니한다. 실업급여의 보험료율은 1천분의 (18)이다(고용산재보험료징수법 제13조 제3항 및 시행령 제12조 제1항 제2호).

23 고용보험 및 산업재해보상보험의 보험료징수 등에 관한 법령상 보험가입자에 관한 설명으로 옳지 않은 것은?

① 고용보험법을 적용받는 사업의 사업주와 근로자는 당연히 고용보험법에 따른 고용보험의 보험가입자가 된다.
② 산업재해보상보험법을 적용받는 사업의 사업주는 당연히 산업재해보상보험법에 따른 산업재해보상보험의 보험가입자가 된다.
③ 고용보험법에 따라 같은 법을 적용하지 아니하는 사업장의 근로자는 개별적으로 고용보험에 가입할 수 있다.
④ 산업재해보상보험법에 따라 같은 법을 적용하지 아니하는 사업의 사업주는 근로복지공단의 승인을 받아 산재보험에 가입할 수 있다.
⑤ 근로복지공단은 사업 실체가 없는 등의 사유로 계속하여 보험관계를 유지할 수 없다고 인정하는 경우에는 그 보험관계를 소멸시킬 수 있다.

해설 ③ 고용보험법에 따라 같은 법을 적용하지 아니하는 사업의 사업주가 근로자의 과반수의 동의를 받아 공단의 승인을 받으면 그 사업의 사업주와 근로자는 고용보험에 가입할 수 있다(고용산재보험료징수법 제5조 제2항).

정답 21 ① 22 ⑤ 23 ③

24 고용보험 및 산업재해보상보험의 보험료징수 등에 관한 법률상 고액·상습 체납자의 인적사항 공개에 관한 설명으로 옳지 않은 것은?

① 국민건강보험공단은 이 법에 따른 납부기한의 다음 날부터 1년이 지난 보험료의 총액이 1억원 이상인 체납자에 대하여는 그 인적사항 등을 공개하여야 한다.

② 국민건강보험공단은 체납된 보험료, 이 법에 따른 그 밖의 징수금과 체납처분비와 관련하여 행정소송이 계류 중인 경우에는 체납자의 인적사항 등을 공개할 수 없다.

③ 체납자의 인적사항 등에 대한 공개 여부를 심의하기 위하여 국민건강보험공단에 보험료정보공개심의위원회를 둔다.

④ 국민건강보험공단은 보험료정보공개심의위원회의 심의를 거쳐 인적사항 등의 공개가 결정된 자에 대하여 공개대상자임을 알림으로써 소명할 기회를 주어야 한다.

⑤ 체납자 인적사항 등의 공개는 관보에 게재하거나, 고용·산재정보통신망 또는 국민건강보험공단 게시판에 게시하는 방법에 따른다.

> **해설** ① 건강보험공단은 이 법에 따른 납부기한의 다음 날부터 1년이 지난 보험료와 이 법에 따른 그 밖의 징수금과 체납처분비(제29조에 따라 결손처분한 보험료, 이 법에 따른 그 밖의 징수금과 체납처분비로서 징수권 소멸시효가 완성되지 아니한 것을 포함한다)의 총액이 5천만원 이상인 체납자가 납부능력이 있음에도 불구하고 체납한 경우에는 그 인적사항 및 체납액 등(이하 이 조에서 "인적사항 등"이라 한다)을 공개할 수 있다(고용산재보험료징수법 제28조의6 제1항).

25 고용보험 및 산업재해보상보험의 보험료징수 등에 관한 법령상 산재보험료율의 구성은 다음과 같다. (　　) 안에 들어갈 내용으로 옳은 것은?

> 산재보험료율(100%)
> = [산재보험급여지급률 + 추가지출률](ㄱ)% + 부가보험료율(ㄴ)%

① ㄱ : 70, ㄴ : 30　　　　　② ㄱ : 75, ㄴ : 25
③ ㄱ : 80, ㄴ : 20　　　　　④ ㄱ : 85, ㄴ : 15
⑤ ㄱ : 90, ㄴ : 10

해설 법 제14조 제3항에 따른 사업의 종류별 산재보험료율은 다음의 방법으로 산정하되 구체적인 산정기준은 각 목에 따른다(고용산재보험료징수법 시행규칙 제12조 관련 [별표 1]).

> 사업종류별 산재보험료율(100%)
> = [산재보험급여지급률 + 추가지출률](85%) + 부가보험료율(15%)

※ "산재보험급여지급률"이란 매년 6월 30일 현재를 기준으로 과거 3년 동안의 보수총액에 대한 산재보험급여총액의 비율을 말한다.

※ "추가지출률"이란 해당 보험연도의 보수총액 추정액에 대한 해당 보험연도에 추가로 지급될 산재보험급여액 등에 대한 조정액의 비율을 말한다.

※ "부가보험료율"이란 해당 보험연도의 총수입보험료 추정액에 대한 산재보험사업에 소요될 비용의 비율을 말한다.

박문각 공인노무사

류호진 정율 사회보험법

1차 | 기출문제집

제1판 인쇄 2025. 10. 24. | **제1판 발행** 2025. 10. 25. | **편저자** 류호진

발행인 박 용 | **발행처** (주)박문각출판 | **등록** 2015년 4월 29일 제2019-0000137호

주소 06654 서울시 서초구 효령로 283 서경 B/D 4층 | **팩스** (02)584-2927

전화 교재 문의 (02)6466-7202

저자와의
협의하에
인지생략

이 책의 무단 전재 또는 복제 행위를 금합니다.

정가 15,000원
ISBN 979-11-7519-222-5

MEMO

MEMO